산티아고 가는 길

산티아고 가는 길

지은이 최미선, 신석교
펴낸이 임상진
펴낸곳 (주)넥서스

초판 1쇄 발행 2009년 1월 5일
초판 17쇄 발행 2022년 11월 10일

출판신고 1992년 4월 3일 제311-2002-2호
주소 10880 경기도 파주시 지목로 5
전화 (02)330-5500 팩스 (02)330-5555

ISBN 978-89-5797-361-5 13980

저자와 출판사의 허락 없이 내용의 일부를
인용하거나 발췌하는 것을 금합니다.

가격은 뒤표지에 있습니다.
잘못 만들어진 책은 구입처에서 바꾸어 드립니다.

www.nexusbook.com

살며, 사랑하며, 배우며, 순례자의 길을 걷다

산티아고 가는 길
: 카미노 데 산티아고

글 최미선 · 사진 신석교

넥서스BOOKS

Prologue.
왜 하필 산티아고 길이었을까?

프랑스 남부에서 출발하여 국경을 넘어 스페인 서쪽 끝 산티아고까지
800km를 걷는 순례자의 길. 끊임없이 내리쬐는 뙤약볕에 볼 것도 그닥 많지 않고
잠자리도 편치 않은 그 긴 여정을 말이다.
이국적인 정취를 맛보고 싶다면 유럽의 아름다운 도시들을 비롯해 세계 곳곳에 얼마나 많은가.
문득 지난 해 45일간의 자전거 여행을 떠올려 본다.
서해안을 거쳐 남해안 찍고 동해안으로 돌아오는 자전거 해안 일주 중 길리적대지 말라며
고막이 찢어질 듯 경적음을 울리며 질주하는 자동차에 얼마나 기겁을 했던고!
그런 면에서 산티아고 길은 그야말로 비단길이다.
오로지 걸음 여행자들만을 위해 이어지는 끝없는 길.
다음엔 어디로 가야 하나 망설임 없이 오로지 걷기만을 즐기며
맘 편히 한 발 한 발 나아갈 수 있는 길이 어디에 또 있을까.
수시로 울려대는 전화, 바보상자라는 텔레비전, 정보의 바다라는 인터넷,
지겹게 빵빵대던 자동차의 경적음. 이 모든 굴레에서 벗어나 오로지 자연과 하나 되는
고요한 길 위에서 묵묵히 한 발 한 발 내딛는 800km 걸음 여정.
때론 지겹고 정형화된, 예측 가능한 하루하루에 단조로움을 느끼기도 했다.
뙤약볕에 몸이 축축 늘어지고 무거운 배낭이 어깨를 짓누를 때마다 '사서 고생'이란 생각도 들었다.
하지만 사서 한 그 고생은 그만한 가치가 있었다.
여행은 마음이다. 어떤 마음으로 길을, 풍경을, 도시를, 사람을 품었는가이다.
많은 것을 바라지 않으면 오히려 많은 것이 보인다. 볼 것이 없으면 나를 바라보게 된다.

순례길은 그 자체로 인생의 축소판이다. 인생이든 여정이든 모두 우리 앞에 놓인 길이다.
우리는 그 길을 걸어가야 한다. 지겹다고 되돌아갈 수 없고 즐겁다고
마냥 느리게 갈 수만은 없는 게 우리 인생이다.
각기 다른 삶의 무게를 지닌 채 이 길을 찾아온 전 세계 순례자들을
허물없이 만날 수 있는 것도 산티아고 가는 길의 매력이다.
지난 삶을 돌아보고 의미 있는 삶을 찾아 길 위에 선 사람들의 동병상련, 이심전심일까?
배낭을 짊어지고 먼지 풀풀 나는 흙길을 걷는 모든 이들은 금세 친구가 된다.
낯선 이의 배낭 무게를 걱정해 주고 소지한 구급약을 나누고 음식을 나누고
서로의 인생 이야기를 듣는 길.
이 길에는 지켜야 할 시간도, 하루에 얼마를 걸어야 한다는 규정도 없다.
가다가 지치면 쉬어 가고 휴식 끝에 기운이 솟아나면 또 다시 걷고……
처음부터 끝까지 다 걷지 않아도 된다. 문득 혼자이고 싶을 때면 기약 없이 헤어지고,
그렇게 혼자 걷다 사람이 그리워지면 다시 만나 눈물겹게 반가운 포옹을 하고.
산티아고 길 끝에서 사람들은 "삶에서 꼭 필요하다 싶어 움켜쥐고 있던 것들이
우리를 걷기 어렵게 만드는 삶의 무게"라고 말한다.
우리 몸이 얼마나 개인주의와 편의에 길들여져 있었는지 깨닫게 된 것도 이 길 위에서다.
남을 탓하고 남을 손가락질하던 순간들이, 돌이켜보면 나 스스로 남에게 했던 행동들과
크게 다르지 않았다. 스스로에게 말해 본다. '너부터 잘해.'
인생의 전환점을 찾기 위해 카미노에 들어섰다는 젊은이를 보며, 과거를 살피고
삶을 되짚어 정리해 보고 싶어 찾아 왔다는 노인들을 바라보며 미래의 나를 본다.
이 길에선 남녀노소를 불문하고 모두가 스승이고 나를 반추하는 거울이다.
카미노는 되돌아갈 수도, 건너뛸 수도 없는 내 인생의 소중한 한 페이지였다.

2008. Santiago. 최미선, 신석교

Contents

Prologue 왜 하필 산티아고 길이었을까?

Let's Go!_9월 10일
아득하기만한 산티아고 가는 길, 별 탈 없이 걸을 수 있을까…… 010

On the 01 day_9월 11일
욕심이 많으면 짐도 많아지는 법, 여행도 인생도 마찬가지 014

On the 02 day_9월 12일
우리네 인생길에도 딱딱 표지판이 있다면? 030

On the 03 day_9월 13일
포근한 침낭을 펼 때가 가장 행복한 시간! 040

On the 04 day_9월 14일
가도 가도 끝없는 스산한 밀밭길 050

On the 05 day_9월 15일
뙤약볕 아래 무거운 배낭, 내 인생길 내가 책임져야지 060

On the 06 day_9월 16일
허허로운 바람길을 따라 걸어온 길을 돌아본다 068

On the 07 day_9월 17일
시어머니와 며느리가 함께 걷는 산티아고 길 078

On the 08 day_ 9월 18일
축제 열기 가득한 로그로뇨의 골목골목 ¨088

092

On the 09 day_ 9월 19일
산티아고 길에선 너무 조금 걸어도 탈?! ¨098

On the 10 day_ 9월 20일
저마다의 사연을 풀어 놓고……
저마다의 마음을 받아 주는 이곳 ¨108

122

On the 11 day_ 9월 21일
노란 꽃잎 가득한 해바라기밭을 따라서 ¨118

On the 12 day_ 9월 22일
신발을 벗어 놓고 가는 이의 마음도 짠했으리라 ¨128

On the 13 day_ 9월 23일
말끔한 샤워와 안락한 의자,
이 길을 지나는 순례자들의 바람 ¨138

156

On the 14 day_ 9월 24일
인생도 여정도 뒤돌아볼 때 더 풍요로워진다 ¨148

On the 15 day_ 9월 25일
달팽이 걸음의 할머니, 힘들지 않으세요? ¨162

On the 16 day_ 9월 26일
마음에 드는 침대, 그것만으로도 행복한 여행! ¨178

On the 17 day_9월 27일
길 위에서 맛보는 단맛, 쓴맛, 짠맛, 매운맛··186

On the 18 day_9월 28일
늦은 오후가 되면 은근히 경쟁자가 되는 순례자들··194

On the 19 day_9월 29일
산티아고 길의 대표 도시, 레온 속으로········204

On the 20 day_9월 30일
깨끗한 호텔보다 수용소 같은 알베르게가 더 편한 길··214

On the 21 day_10월 1일
짙은 안개 속, 그 빈 풍경에 취하다··224

On the 22 day_10월 2일
흉가이기도 하고, 한 장의 그림 같기도 하고··232

On the 23 day_10월 3일
고무줄처럼 늘었다 줄었다, 묘한 산티아고의 이정표··242

On the 24 day_10월 4일
꽃을 든 남자의 재미있는 '한국 예찬'··252

On the 25 day_10월 5일
목가적인 풍경들을 누가 낭만적이라고 했던고··260

On the 26 day_ 10월 6일
케탈? 무이 비엔! ··270

On the 27 day_ 10월 7일
'뜨악' 소리 절로 나는 알베르게의 묘한 샤워실 ··284

On the 28 day_ 10월 8일
산티아고 길에서 발견한 일상생활의 행복들 ··292

On the 29 day_ 10월 9일
그들이 사는 세상, 기다림 속 카미노 데 산티아고 ··302

End of Santiago_ 10월 10일
카미노 데 산티아고의 진정한 마침표 ··316

Epilogue 산티아고 가는 길의 이모저모 ··324

삶의 무게를 짊어진 순례자들의 배낭
나아갈 길을 알려 주는 산티아고의 이정표
산티아고 가는 길에서 그들과 만나다
순례자들의 종착지, 산티아고 대성당

Let's Go! 9월 10일

아득하기 만한 산티아고 가는 길
별탈없이 걸을 수 있을까……

마드리드 Madrid 생 장 피드포르 St. Jean Pied de Port

마드리드에서 팜플로나로 가는 아침 9시 50분 기차를 타려 했는데 간발의 차이로 놓치고 말았다. 다음 기차는 오후 2시 5분. 표를 끊어 놓고 주변을 둘러보다 드디어 기차에 올랐다. 마드리드 아토차 역을 출발한 기차는 오후 5시 45분에 팜플로나 역에 도착했다.

개찰구를 나서긴 했지만 어느 방향으로 가야할지 막막했다. 역사 앞에서 한참 서성일 즈음 우리처럼 묵직한 배낭을 멘 한 여인이 눈에 띄었다. 그녀도 우리처럼 헤매는 것 같더니만 급기야 우리에게 다가온다.

"카미노 데 산티아고?"

'산티아고 가는 길'이냐 묻는 그녀. 그렇다니 그 여인은 동료를 만난 듯 무척 반가워했다. 나도 같은 길을 걷는다는 그녀가 반가웠다. 하지만 그녀는 영어를 전혀 하지 못했다. 간단하게나마 영어로 "어디서 왔느냐"고 물으니 고개를 갸웃거리며 웃기만 한다. 다른 질문에도 마찬가지. 그리곤 그녀의 모든 대답은 스페인어로 돌아온다.

이곳에 오기 전 한 달 동안 배운, 어줍은 스페인어로 어렵사리 꿰맞춘 얘기 끝에 알아낸 것은 그녀가 브라질에서 왔고, 40일 예정으로 혼자 왔다는 것뿐이었다.

그녀의 이름은 이네스. 산티아고 가는 길에서 만난 첫 인연이다. 아담한 체구였지만 걸음걸이는 전사처럼 씩씩해 보이는 그녀와 버스 정류장까지 같이 걸었다. 낯선 땅에서 같은 목적으로 온 이와 함께한다는 게 든든하긴 했지만 서로 말이 안 통하니 좀 답답하기도 했다.

30분 정도 걸으니 팜플로나 버스 정류장. 이곳에서 론세스바예스를 거쳐 국경 넘어 프랑의 생 장 피드포르로 가야 하는데, 매표소에 알아 보니 론세스바예스행 버스는 월요일부터 금요일까지 오후 6시에 단 한 차례뿐이란다. 6시가 넘었으니 오늘 버스는 이미 떠난 상태.

어쩔 수 없이 이곳에서 하루를 묵어야 할 판이다. 이네스는 팜플로나에 있는 호텔을 미리 예약해 두었다고 했다. 일단 내일 출발하는 버스표 - 요금 4.50유로 - 를 사두고 우리도 묵을 곳을 찾아 나서야 했다. 그런데 이네스가 잠시 생각하더니 뭔가 할 말이 있는 눈치다. 하지만 말이 안 통하니 무슨 말을 하려는 건지 도통 알 수가 없다. 매표 창구 앞에서 해프닝이 벌어졌다. 영어와 스페인어를 모두 알고 있는 매표소 직원이 졸지에 통역원이 되었다. 이네스가 스페인어로 이야기하면 매표원이 나에게 영어로 통역해 주고 내가 영어로 얘기하면 이네스에게 스페인어로 통역을 해 주었다. 귀찮기도 하련만 인물도 훤한 젊은 스페인 남자는 얼굴 한번 찡그리지 않고 우리의 얘기를 열심히 전달해 준다.

말인 즉, 이네스는 생 장 피드포르까지 비용을 분담하여 택시로 가는 것이 어떻겠냐는 거였다. 그렇다면 자기는 호텔 예약을 취소할 의향이 있다는 것. 그러자 매표소 직원이 한술 더 떠 정류장 앞에 택시 승차장이 있으니 가격을 알아 보고 오라며 코치까지 해 준다. 게다가 론세스바예스에서도 생 장 피드포르까지 가는 버스는 없어 그곳에서 다시 택시를 타고 가는 게 일반적이란다. 그렇게 얘기가 오간 끝에 우리는 택시를 타기로 했다. 이네스는 호텔을 취소하고, 우리는 버스표를 물러 택시에 올랐다. 팜플로나에서 생 장 피드포르까지 가는 택시비는 90유로. 이네스가 20유로, 일행이 3명인 우리가 70유로를 내기로 했다. 적지 않은 금액이었지만 팜플로나에서 하루를 묵을 경우 지출해야 하는 호텔비와 식사비 등을 감안하면 오히려 덜 드는 셈이었다.

팜플로나에서 생 장 피드포르까지는 택시로 1시간 30분가량 걸렸다. 한참을 오다 보니 어느 즈음에서 택시 아저씨가 "여기부터 프랑스"라고 일러 준다. 국경선 개념이 우리와는 사뭇 다르다. 생 장 피드포르에 도착하니 이미 땅거미가 내려앉은 저녁 무렵. 아담하지만 편안해 보이는 이 마을 안엔 레스토랑과 호텔도 제법 많다. 마을 한복판을 흐르는 작은 강-니베 강-가에 들어선 레스토랑에서 새어나오는, 노르스름한 불빛이 반짝이는 모습이 아주 예쁜 마을이다.

이날 이네스는 알베르게를 찾아 들어갔고 우리는 호텔에서 머물기로 했다. 하루 종일 이동하느라 피곤하긴 했지만 이런저런 생각에 잠은 쉽사리 오지 않았다. 내일부터 걸음 여행이 시작되는데 어떤 길이 펼쳐질지, 그 길에서 어떤 사람을 만날지, 어떤 일을 맞게 될지……. 궁금한 것도 많은 반면 800km에 달하는 아득한 길을 별 탈 없이 걸을 수 있을까 하는 걱정도 인다. 설렘과 걱정, 만감이 교차하는 첫날밤은 그렇게 저물어 갔다.

On the 01 day
9월 11일

욕심이 많으면 짐도 많아지는 법
여행도 인생도 마찬가지

생 장 피드포르 → 론세스바예스 Roncesvalles 28km

순례자의 길 걷기 첫날. 호텔을 나서는데 이른 시각이어선지 프론트엔 아무도 없었다. 밖으로 나오니 아침 안개가 자욱하다. 예쁜 마을에 뽀얀 안개까지 둘러지니 더욱 신비스러워 보인다. 코끝에 스치는 싸한 공기도 상큼하다.

    산티아고 길을 걸으려면 순례자 증명서가 필요하다. 이 증명서가 있어야만 순례자를 위한 저렴한 숙소인 알베르게에 묵을 수 있기 때문이다. 아울러 산티아고에 도착하면 알베르게에 묵을 때마다 차곡차곡 찍어 준 스탬프를 통해 순례자의 길을 걸었다는 인증서를 발급 받을 수 있다.

    잠시 마을을 둘러본 후 순례자 증명서를 발급해 주는 사무실로 향했다. 동네도 작은데다 워낙 순례자들이 많이 오는 곳이라 배낭만 짊어지고 있으면 사무실이 어딘지 알려 주므로 찾는 데에 어려움은 없었다. 사무실은 생각보다 아담했다. 안에 들어서니 마음씨 좋아 보이는 할아버지가 해맑은 웃음으로 환영의 손길을 펼친다. 할아버지가 내준 접수증엔 국적과 나이, 이름 등을 적는 칸이 있고 그 밑에 이곳에 온 목적 ─종교적 이유, 영적인 이유, 문화적 이유, 스포츠, 기타─ 에 표시를 하는 칸이 있다. 나는 영적인 이유에 표시를 해 두었다. 증명서 발급 비용은 2유로.

◯ 순례자의 길 걷기 첫날. 호텔을 나서는데 이른 시각이어선지 프론트엔 아무도 없었다. 밖으로 나오니 아침 안개가 자욱하다. 예쁜 마을에 뽀얀 안개까지 둘러지니 더욱 신비스러워 보인다. 코끝에 스치는 싸한 공기도 상큼하다.

증명서를 발급 받고 나니 할아버지가 첫 스탬프를 찍어 주시며 길에 대해 친절하게 설명해 준다. 론세스바예스로 향하는 길은 두 갈래. 하나는 23km를 걷는 평지길이지만 재미가 없고, 다른 하나는 1500m 고지를 넘는, 피레네 산맥을 넘어가는 28km 코스지만 경치는 무척 아름답단다. 좀 더 걷더라도 이왕이면 멋진 경치를 감상할 수 있는 길을 택하기로 했다.

사무실을 나서는데 입구에 눈길을 끄는 것이 붙어 있다. 각국의 순례자 수를 표시해 놓은 종이였다. 2007년에 16,454명 - 9월까지 - 이 이곳을 방문했는데 74개국 가운데 프랑스가 4,078명으로 1위를 차지하고, 한국은 177명으로 17위, 일본은 104명으로 21위였다. 2~3년 전만 해도 한국인은 열 손가락 안에 꼽을 만큼 적은 수였는데 불과 몇 년 사이에 이 길을 걷는 한국인이 부쩍 늘었단다.

산티아고 가는 길, 이제 출발이다. 10kg이 조금 넘는 배낭을 둘러메니 어깨가 묵직하다. 골목길을 나서는데 낯익은 얼굴이 보인다. 이네스다. 그녀의 배낭엔 티셔츠, 양말, 팬티까지 주렁주렁 매달려 있었다. 어젯밤에 빨은 것이 아직 마르지 않아 가방에 옷핀으로 매달았단다. 좁은 골목길을 가로지르는 아치형 돌문을 지나니 식료품 가게가 있다. 그곳에서 가는 도중에 먹을 물과 빵, 초콜릿 등을 사 두었다.

마을을 벗어나니 언덕길이 이어진다. 하지만 그다지 가파르진 않다. 아스팔트 포장길이지만 양옆에 숲이 펼쳐져 싱그러운 느낌이다. 자전거를 타고 오는 이들도 심심찮게 보인다. 구불구불 오르는 길가엔 산딸기가 군데군데 맺혀 있다. 이네스가 산딸기를 열

심히 따 먹다 내게도 한 움큼 건네준다. 7km쯤 걸으니 물을 먹을 수 있는 수도가 있어 우리도 그곳에서 물을 채워 넣었다. 이곳에서 1km쯤 더 가면 산허리에 첫 번째 알베르게인 오리슨^{Orisson}이 있다. 이네스는 어제 비행기를 오래 타고 오느라 피곤하다며 오늘은 그곳에서 묵는다고 한다.

점심 즈음, 알베르게에 도착하니 사람들이 옹기종기 모여 차를 마시거나 간식을 먹고 있다. 우리도 이곳에서 커피라도 한잔 마시고 갈 요량으로 알베르게에 들어가니 수염이 더부룩한 할아버지가 다짜고짜 돌다리 - 남편의 별명 - 의 배낭을 잡아 내리더니 안쪽에 들여놓는다. 친절하기도 하시지. 고단한 길을 걷느라 수고한다고 짐까지 내려주다니. 그러면서 할아버지는 프랑스어로 뭐라뭐라 하면서 두 손을 모아 오른쪽 뺨에 대고 잠자는 흉내를 낸다. 여기서 자고 가라는 건가?

"할아버지, 우린 론세스바예스까지 갈 건대요."

그런데도 할아버지는 자꾸만 똑같은 몸짓을 한다.

"노, 노, 여기서 안 잔다니까요."

안 잔다며 손사래를 치니 할아버지 얼굴이 점점 험악해진다. 어라? 분위기가 요상해지네. 모두들 뭔 일인가 싶어 우리에게 시선이 쏠린다. 그러다 할아버지가

안에다 대고 뭐라고 큰소리를 치니 안에서 젊은 여자가 나온다. 여인은 '콘티넨탈 호텔'이라는 말과 함께 종이 쪽지에 84유로라는 숫자를 적었다. 그 순간 머리를 스치는 생각 하나! '아차!' 아침에 나올 때 호텔비를 지불하지 않았던 것이다. 로비에 아무도 없어 셋 - 시어머니, 남편, 나 - 다 까맣게 잊고 그냥 길을 나섰으니, 졸지에 방값을 떼어먹고 몰래 도망친 파렴치한이 된 것이었

다. 당연히 호텔 주인의 수배령이 떨어졌고 할아버지는 그 임무를 성실하게 수행한 것이었다.

그 순간 손바닥으로 이마를 치며 "아~" 소리를 내니 할아버지의 얼굴도 그제야 환해진다. 돈을 드리고 연신 깜박했다는 것을 강조하고 호텔 주인에게도 '미안하다, 실수다'라는 걸 꼭 전해달라고 부탁했다. 할아버지는 조그만 동양인 셋만 나타나길 잔뜩 기다리고 있다 우리가 나타나자 돈을 내라는 거였는데, 그것도 모르고 안 잔다며 손사래를 치는 우리 모습에 발뺌하는 줄 알았을 게다. 그러니 할아버지 얼굴이 점점 험악해질 수밖에. '아, 첫날부터 이게 무슨 망신이람'. 산티아고 가는 길 첫걸음부터 신고식을 단단히 치른 셈이다.

망신살이 뻗친 알베르게를 지나면서 오르막길이긴 하지만 경사가 완만하다. 아침 안개가 자욱했지만 시간이 지나면서 안개가 걷히고 부드러운 산세가 넓게 펼쳐진 모습이 시원해 보인다. 산티아고 가는 길에서 가장 아름답다는 명성답게 피레네의 푸른 초지는 한 폭의 유화 같은 풍경이다.

넓은 초원에는 방울 소리를 딸랑이며 노니

○ 아침 안개가 자욱했지만 시간이 지나면서 안개가 걷히고 부드러운 산세가 넓게 펼쳐진 모습이 시원해 보인다. 산티아고 가는 길에서 가장 아름답다는 명성답게 피레네의 푸른 초지는 한 폭의 유화 같은 풍경이다.

는 양떼도 있고 풀을 뜯는 말도 보인다. 그 끝없는 길 위에 띄엄띄엄 걸어오는 여행자들의 모습도 한 폭의 그림 같다. 젊은 커플도 있고 손을 꼭 잡고 천천히 걷는 노부부의 모습도 아름답다. 마음의 짐을 덜고 경계심을 버리고 자연과 하나가 되어서일까? 스치는 순례자들 모두가 가족이고 친구 같은 느낌이다. 서로 기념사진을 찍어 주고 정이 듬뿍 담긴 말투로 좋은 여행 하라며 서로를 격려해 준다. 간간히 차가 지나가면 이 평화로운 풍경이 잠시 깨지기도 하지만 차가 지나가고 나면 다시 걷는 자들만의 길이 된다.

피레네를 넘어오던 중 특히 생각나는 세 사람이 있었다. 한 사람은 피레네 초입에서 만난 50대 가량의 아저씨. 이 길을 걷는 이들 대부분이 양말 한 짝이라도 줄이고 싶어할 만큼 고심하며 짐과의 전쟁을 벌이건만 유달리 몸집이 컸던 이 아저씨는 이것저것 가득 채운 커다란 배낭에 거대한 쌍안경까지 달고 와 출발점부터 연신 주저앉아 관절을 살피며 힘겨워했다. 뭐 도울 거라도 없을까 하여 상태를 물으니 오히려 짜증스러운 표정에 퉁명스러운 반응이다. 욕심이 많으면 짐도 많아지고 짐이 늘면 가는 길

이 버겁다. 여행도 인생도 마찬가지다.

그리고 나머지 두 사람은 피레네 산맥을 넘어 론세스바예스로 오는 막바지 길목에서 만난 부자지간. 키는 크지만 살집은 별로 없어 보이는 아저씨가 커다란 배낭을 앞뒤로 두 개나 둘러멨다. 내심 '이 아저씨는 짐 욕심이 더하네.' 싶으면서도 힘이 장사라고 칭찬을 했더니 엄지를 곧추세우며 씩씩하게 걷는다. '그래도 먼저 아저씨에 비하면 심성은 좋네.' 그런 줄만 알았다.

아저씨가 하나도 무거운 배낭을 두 개나 짊어진 이유를 알게 된 건 몇 걸음 더 걸어서였다. 열예닐곱으로 보이는 아들이 맨몸으로 걷고 있다. 아들은 심술이 난 듯 얼굴이 퉁퉁 부어 있다. 게다가 아들은 가다 말고 길바닥에 벌렁 드러눕기까지 했다. 그러면 앞서 가던 아버지는 다시 돌아와 아들을 달래 길을 걷는다. 그렇게 몇 걸음을 옮기다 아들은 또 드러눕는다. 아버지는 한참 가다 그런 아들 때문에

되돌아오다 우리와 몇 번을 마주쳤다. 우리와 마주칠 때마다 아버지는 슬쩍 웃음을 보이지만 그 웃음이 서글프다. 눈치를 채고 걸음을 빨리 해서 우리가 앞서가다 보니 급기야 뒤편에서 아들을 꾸짖는 아버지의 고함 소리가 들려온다. 얼마나 속상할까? 그런 아버지가 딱해 보였다. 나중에 들은 얘기로는, 유럽인들에게 이 길은 비행 청소년의 수행길로도 이름난 곳이라고 하는데, 생각해 보니 이 부자도 그 일환이 아닌가 싶다. 아들의 배낭……, 버릴래야 버릴 수 없는 숙명의 짐이다.

어둑어둑해질 무렵 론세스바예스의 알베르게에 도착했다. 높은 천장 밑에 2층 침대가 빽빽하게 놓인 모습이 수용소 같기도 해서 처음엔 어리둥절했다. 우리가 좀 늦게 도착한 터라 100여 개의 침대는 거의 다 찼다. 물집 치료 도구를 갖춰 놓은 자원봉사자 테이블에 가서 자리를 배정 받으려 했더니 먼저 사무실에 가서 돈을 내고 증명서에 도장을 찍고 오란다. 사무실에서 숙박 등록을 하고 이곳에서 가리비 껍데기 - 1.5유로 - 를 사서 배낭에 달았다. 산티아고 길을 걷는 이들은 이 가리비 조개껍데기를 배낭에 매달고 걷는다. 일종의 순례자 표시다.

사무실에서 나오는데 아버지 속을 어지간히도 썩이던 말썽꾸러기 아들과 마주쳤다. 그전엔 마주쳐도 인사 한번 하지 않던 녀석이 우리를 보더니 반가워하며 자기 아버지를 못 봤느냐고 묻는다.

"너 찾으러 갔는데 못 봤니?"

못 봤다며 아들은 얼굴에 근심이 가득하다. 그렇게 말썽을 피우던 아들 또한 아버지가 안 보이니 겁이 난 모양이다. 그게 핏줄이지 싶다. 핏줄을 떠나 나도 은근히 걱정이 되었다. 그러던 중 저만치서 아버지가 오는 모습이 보였다. 내가 더 반가워서 "너희 아버지 저기 오신다." 하며 아들에게 얘기해 주고 쑥스러워하는 아들보다 먼저 뛰어가서 "아저씨 아들, 저기 있어요."라고 큰 소리로 외쳐 주고 나니, 내 속이 다 편해진다. 아무튼 부자지간에 이 길을 걸으며 좋은 결과를 이루길 바랄 뿐이다.

우리에게 배정된 자리는 2층 침대. 고소공포증이 있는 돌디리가 내심 걱정이 됐는지 자원봉사자에게 묻는다.

"침대 칸막이가 없는데 자다가 떨어지면 어떡해요?"

봉사자가 빙그레 웃으며 말한다.

"만약 그런 일이 벌어진다면 당신이 이곳에서 잠자다가 떨어진 최초의 순례자가 될 거요."

안전하단 말보다 그의 유머러스한 한마디가 첫날 밤 알베르게의 낯설음을 싹 잊게 해 주었다.

짐을 풀어 놓고 샤워실이 있는 지하로 내려갔다. 화장실 옆에 딸려 있는 작은

○ 피레네 산맥을 넘어 론세스바예스로 오는 막바지 길목에서 만난 부자지간. 키는 크지만 살집은 별로 없어 보이는 아저씨는 커다란 배낭을 앞뒤로 두 개나 둘러멨다. …… 유럽인들에게 이 길은 비행 청소년의 수행길로도 이름난 곳이라고 하는데, 생각해 보니 이 부자도 그 일환이 아닌가 싶다. 아들의 배낭……, 버릴래야 버릴 수 없는 숙명의 짐이다.

샤워실은 비닐 커튼으로 가려져 있었고 옷을 벗고 입을 때는 나와서 입어야 하는 관계로 화장실을 들락거리는 사람들이 쳐다보는 게 쑥스러웠지만 아무도 내게 신경 쓰는 사람은 없었다.

저녁은 8시 30분에 알베르게 앞에 있는 식당에서 순례자들이 다 같이 모여 식사를 하는데 그 시간도 독특했다. 국적도 제각각이고 서로 알지 못하는 사람들인데도 같은 길을 걷는다는 이유 하나만으로 모두들 친근감을 나타내는 표정이다. 서로에 대한 호기심에 많은 대화가 이어진다. 내 옆자리엔 네덜란드 아저씨가 앉았다. 휴가냐고 물으니 "에브리데이 휴가"란다. 매너도 좋고 인상도 좋아 보이는 아저씨는 일을 그만두고 길을 떠났다고 한다. 내가 한국에서 왔다고 하니 대뜸 히딩크 얘기부터 꺼낸다. 그러면서 "한국에서 이곳을 어떻게 알고 왔느냐"고 묻는다. 이런 질문은 이후에도 몇 번을 더 받았다.

바둑판을 들고 온 프랑스 청년 옆에 앉은 돌다리는 간간히 영어 단어를 섞어가며 그림까지 그려 가며 그럭저럭 바둑 얘기를 이어간다. - 이후 만날 때마다 바둑을 두자고 한다. - 우리 둘 사이에 앉은 시어머니는 묵묵히 음식만 드신다. 그러면서 하시는 말씀.

"말이 안 통하니 이 순간 내 입의 용도는 오로지 먹는 데만 쓰이는 구나."

식사를 마치고 알베르게에 들어오니 여기저기 웅성거리는 소리가 건물 안을 가득 메워 정신이 없다. 하지만 그것도 잠시. 밤 10시가 되니 불이 일제히 꺼지면서 사방이 쥐 죽은 듯 조용하다. 몸을 뒤척일 때마다 침낭 스치는 소리가 유난히 크게 들려 되도록이면 움직이지 않으려 참고 또 참으려니 그것도 고역이다.

Travel information

오늘의 여행 정보

오늘 통과한 마을
생 장 피드포르-(8km)-오리슨 -(20km)-론세스바예스

길의 특성
완만하고 구불구불한 피레네 산맥을 넘고, 정점을 지나 론세스바예스까지 약 4km는 약간 가파른 숲길.

알베르게
론세스바예스에서 묵은 알베르게는 성당에서 운영한다. 숙박료는 5유로, 침대 수는 104개, 컴퓨터와 세탁기 있음. 세면장 물을 식수로 받아갈 수 있다.

론세스바예스
성당과 수도원을 중심으로 식당과 몇 채의 집만 있는 작은 마을이다. 이곳 성당에서는 매일 저녁 8시에 순례자를 위한 미사가 개최된다. 미사 중에 모든 순례자들의 이름과 국적이 호명된다.

식사
성당 앞에 있는 식당에서 순례자 메뉴(8유로)를 판매한다. 전채 요리로 스프가 나오고 메인 요리는 생선 구이와 감자 튀김. 후식으로 요플레가 나왔다. 지역마다 메인 요리는 제각각 다르지만 대부분의 순례자 메뉴가 이런 형태로 나오고 와인은 빠지지 않는다.

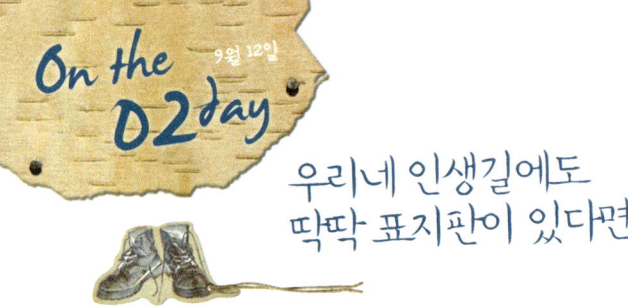

On the 02 day
9월 12일

우리네 인생길에도 딱딱 표지판이 있다면?

론세스바예스 🐾 수비리 Zubiri 21.5km

오전 5시 30분이 되니, 알베르게에 불이 확 켜진다. 불이 켜지니 사람들 모두 군기가 바짝 든 초년병처럼 일제히 일어나 짐을 싸거나 줄줄이 씻으러 내려간다. 세면장으로 내려가니 화장실이건 세면대건 사람들로 꽉 차 있다. 다시 올라와 천천히 짐을 먼저 싸고 40분쯤 후에 다시 내려가니 북적대던 세면장이 한가하다. 사람들이 붐비는 시간을 피해 한 템포 늦춰 움직이는 것도 이 길을 걷는 노하우인듯 싶다.

6시 30분쯤 되니 대부분의 사람들이 썰물처럼 빠져나가 알베르게도 썰렁한 분위기다. 7시가 조금 넘은 시간, 우리도 알베르게를 나섰다. 서머 타임이 적용되어 우리나라 시간으로 치면 6시 가량. 길을 나서니 아직 어둠이 채 가시지 않아 컴컴하기만 하다. 오늘도 새벽 안개가 그윽하다.

알베르게 앞 도로를 따라 300m가량 지나오니 오른쪽으로 오솔 숲길이 나 있다. 오솔길 옆으론 안개에 싸인 너른 들판과 산자락이 아스라이 실루엣만 드러낸 것이 마치 한 폭의 수묵화 같은 풍경이다. 오솔길을 3km가량 걸으니 예쁜 마을이 나온다. 집집마다 화사한 꽃들로 장식된 이 마을 이름은 부르구에테burguete. 이곳에는 순례자를 위해 아침 7시 30분부터 문을 여는 작은 식당이 있다. 대부분 이곳

에서 간단하게 아침을 때우고 간다. 우리도 이곳에서 빵과 커피로 아침 식사를 했다. 빈속으로 출발해 출출하기도 했지만 따끈한 커피와 금방 나온 빵이 꿀맛이다.

성당 옆 식당에서 아침을 먹고 마을 안쪽으로 들어오니 군데군데 작은 갈래길이 나 있다. 하지만 그럴 때마다 이리저리 둘러보면 어김없이 순례자를 위한 길 표시가 되어 있다. 파란 바탕에 노란색의 조가비, 노란 화살표, 하얀색과 빨간색이 위아래로 일자 모양으로 그려진 모양, 이런 것들이 순례자들의 이정표다. 산티아고 가는 길목 내내 때론 건물 벽에, 때론 나무 기둥에, 때론 길바닥에 표시되어 있어 길을 잃을 염려는 거의 없다. 우리네 인생길에도 이런 표지판이 있다면 어떨까? 아무 고민 없이 이렇듯 딱딱 정해진 길로만 간다면? 편하기야 하겠지만 왠지 사는 재미는 없을 것 같다.

마을을 벗어나니 다시 넓은 들판길이다. 길옆 풀밭 곳곳에서 소들이 풀을 뜯고 있다. 가끔 소들이 길을 어슬렁거리며 걸으면 여행자들이 길옆으로 피해 주는 모습이 재미있다. 초지와 오솔 숲길을 번갈아 걷다 보면 작은 시냇물도 만난다. 이곳에서 짐을 풀고 탁족을 하는 이들이 많다. 맑은 물에 발을 담그기가 미안하지만 어쩌랴. 내내 걷느라 피곤해진 발을 풀어 주기에 그만일 걸. 3초만 발을 담가도 발이 얼얼하지만 개운하다.

냇물을 지나 조금 더 가니 또다시 작은 마을이 나온다. 이 마을엔 슈퍼마켓 – 슈퍼 앞엔 물을 먹을 수 있는 수도도 있다. – 이 있다. 먹을 것은 물론 샴푸, 비누, 양말도 판다. 어젯밤 샤워를 하고 다시 등산화를 신으려니 불편하기도 하고 찝찝했기에 슬리퍼를 찾아 보았지만 보이지 않는다.

길을 걷다 30대 후반으로 보이는 일본 여인을 만났다. 이름은 리타. 호텔 매니저로 일하다 그만두고 다음 일을 찾기 위해 왔단다.

"나도 일본인이지만, 난 일본인이 싫어."

"왜?"

"일본 사람들은 너무 여유가 없어. 오로지 돈과 앞만 보고 숨 가쁘게 사는데, 난 그런 게 싫어."

"그런 건 한국도 마찬가지야."

"난 좀 느리게 걸을 거야."

"일행이 있는 것 같은데 먼저 가."라는 리타의 말에 "나도 천천히 걷고 싶어."라며 템포를 맞췄다. 그리고 우리 둘은 한동안 말없이 나란히 걸었다.

익히 알고 있는 내용이지만 다들 여유를 찾기 위해 거북이처럼 걷고 있는 이 길 위에서 그런 얘기를 나누다 보니 잘나가는 인생을 위해 발버둥치며 사는 게 뭔지 다시금 생각해 보게 된다. 난 뭔가를 얻기 위해 이 길에 나선 것은 아니다. 이 길을 걷다 보면 뭔가를 맘 편히 버릴 수 있지 않을까 싶어서였다. 뭔가를 얻기 위한 노력도 힘들지만 뭔가를 버리는 일도 쉽지는 않은 것 같다.

자신의 테두리 안에 숱한 것들을 사다 나르고 타인의 시선과 지위, 지식에 얽매여 사는 이들이 얼마나 많은가. 잡다한 것마저 과감하게 털어내지 못하고 더 많은 것들을 탐내거나 그것들을 유지하는 데 엄청난 시간과 열정을 들이고 혹시나 그것들이 무너지지 않을까 노심초사하며 사는 사람들. 나 역시도 마찬가지였다.

이렇듯 삶 속에 너무 많은 부분을 차지하고 있는 '기름기'를 걷어 내는 것이 왜 그리도 어려운 건지…….

리타와 함께 걷던 중, 한 마을에서 꽃에 파묻혀 있는 고양이 사진을 찍다 보니 어깨가 뜨끔하다. 쇠파리에게 물린 것이다. 나중

◉ 초지와 오솔 숲길을 번갈아 걷다 보면 작은 시냇물도 만난다. 이곳에서 짐을 풀고 탁족을 하는 이들이 많다. 맑은 물에 발을 담그기가 미안하지만 어쩌랴. 내내 걷느라 피곤해진 발을 풀어 주기에 그만일 걸. 3초만 발을 담가도 발이 얼얼하지만 개운하다

에 알고 보니 가볍게 넘길 문제가 아니다. 나는 그리 심하지 않았지만 한동안 가려움증에 시달렸고 시어머니나 다른 몇몇은 온몸에 두드러기가 일면서 오랫동안 극심한 가려움증에 고통을 겪어야 했다.

이 길을 걷다 죽은 이의 무덤도 있었다. 많은 이들이 그의 넋을 기리기 위해 돌도 쌓아 놓고 자신의 물건을 하나둘씩 놓아 두었다. 손수건, 모자, 옷, 수영복도 있고 책, 선글라스, 운동화……. 그런데 어떤 이는 쓰레기까지 버렸으니, 어딜 가든 이런 몰상식한 사람들이 꼭 있다.

28km를 걸은 어제는 그럭저럭 괜찮았는데 오늘은 어제의 피로감이 쌓인 때문인지 좀 힘이 든다. 오늘의 목적지는 론세스바예스에서 26km 지점인 라라소아냐Larrasoaña였지만 전 마을인 수비리에서 멈췄다. 아르가Arga 강을 가로지르는 돌다리를 건너니 동네가 아담하고 길도 깔끔하다.

이 길을 먼저 걸었다는 친구에게 들었다는 리타의 말인 즉, 공용 알베르게는 지저분하다고 하여 사설 알베르게를 찾아갔다. 다리 건너 오른쪽에 있는 곳은 이제 오후 2시경인데 이미 꽉 찼단다. 주인이 올 때까지 한참 서 있었는데……. 그러자 뒤에 줄 서 있던 순례자들도 다른 알베르게를 찾느라 발걸음이 빨라진다. 마을 안쪽에 또 하나의 사설 알베르게가 있다. 다행히 그곳은 거의 비어 있었다. 어제 묵었던 알베르게는 침대가 너무 많아 수용소 같은 느낌이었는데 이곳은 마당도 널찍하고 아담한 게 가족적인 분위기다. 자리를 잡고 짐을 푸는데 먼저 도착한 사람들이 샤워를 하고 팬티 바람으로 돌아다녀 눈을 어디로 둬야할지 난감했다.

우선 빨래부터 해서 널어 놓고 슈퍼마켓에 가서 슬리퍼 - 6.95유로 - 를 샀다. 저녁은 슈퍼에서 사 온 빵과 우유, 요구르트로 대신했다. 알베르게 마당에서 먹으려는데 돌 탁자에 앉아 있던, 스페인 바르셀로나에서 왔다는 자매들이 자리를 좁혀

익히 알고 있는 내용이지만 다들 여유를 찾기 위해 거북이처럼 걷고 있는 이 길 위에서 그런 얘기를 나누다 보니 잘나가는 인생을 위해 발버둥치며 사는 게 뭔지 다시금 생각해 보게 된다. 난 뭔가를 얻기 위해 이 길을 나선 것은 아니다. 이 길을 걷다 보면 뭔가를 맘 편히 버릴 수 있지 않을까 싶어서였다. 뭔가를 얻기 위한 노력도 힘들지만 뭔가를 버리는 일도 쉽지는 않은 것 같다.

가며 자리를 내준다. 웃는 모습이 예쁜 이 자매는 휴가를 받아 5일 동안 걷는다는데, 다음에 시간이 되면 멈춘 지점부터 시작하는 징검다리 여행을 할 생각이란다. 마당 곳곳에선 서로 어울려 담소를 즐기거나 노트에 뭔가를 적는 사람들로 평화로운 풍경이다. 오늘도 별 탈 없이 걸은 것에 감사한다.

Travel information

오늘의 여행 정보

오늘 통과한 마을

론세스바예스-(3km)-부르구에테-(3.4km)-에스피날-(9.8km)-알토 데 에로-(5.3km)-수비리

길의 특성

대개는 초원 사이에 나 있는 비포장 도로 평지 길. 간간히 오솔 숲길도 나오고 목장길도 있고 산 능선길도 있어 지루하지 않았다.

알베르게

Erromesen Ostatua Albergue Peregrinos. 20여 개의 침대가 놓인 방이 두 개. 요금은 6유로, 남녀 각각 샤워 꼭지가 5개 있고, 화장실은 남녀 3개씩. 세탁실, 컴퓨터, 커피 자판기 구비.

편의 사항

수비리에 들어가는 다리를 건너 첫 번째 알베르게에서 10m쯤 가면 코카콜라라 써 있는 모퉁이에 슈퍼마켓이 있다. 빵, 과일, 하몽, 와인 등 각종 먹을거리를 비롯해 필요한 물품을 사기에 충분하다.

On the 03 day
9월 13일

포근한 침낭을 펼 때가 가장 행복한 시간!

수비리 ▸ 시수르 메노르 Cizur Menor **25.5km**

어제 아침엔 불이 켜지는 순간 사람들이 일제히 일어나 움직였는데 오늘 아침엔 6시 30분쯤 불이 켜졌는데도 조용하다. 하룻밤 사이에 꾀가 난 걸까? 아님, 사설 알베르게의 자유일까? 알베르게 분위기에 따라 사람들의 행동도 달라진다.

아직 일어나지 않은 이들에게 방해되지 않도록 조심조심 배낭을 꾸리고 길을 나섰다. 7시 20분 출발. 어제처럼 어슴푸레하다. 알베르게에서 나와 오른쪽 도로를 따라 가다 보니 걷는 사람이 아무도 없다. 좀 이상하다 싶었는데 마침 저만치서 걸어오는 마을 주민에게 물어보니 길을 잘못 든 것이다. 어제 수비리에 들어올 때 건너온 다리를 다시 건너 오른쪽 길로 가야 했다. 몇 집 사이로 난 돌담길을 지나니 한 사람 정도 지날 수 있는 좁은 풀숲이다. 풀숲 여기저기서 들려오는 새소리가, 싱그럽고 향긋한 풀내음도 좋았다. 하지만 풀숲길엔 여기저기 소똥들이 널려 있어 발걸음을 조심해야 했다.

풀숲길을 지나니 오래 전 태백 탄광지 같은 모습도 보인다. 그곳을 지나 다시 숲길로 접어드는 순간 어찌나 놀랐는지……. 어두컴컴한 풀숲 사이에서 긴 머리

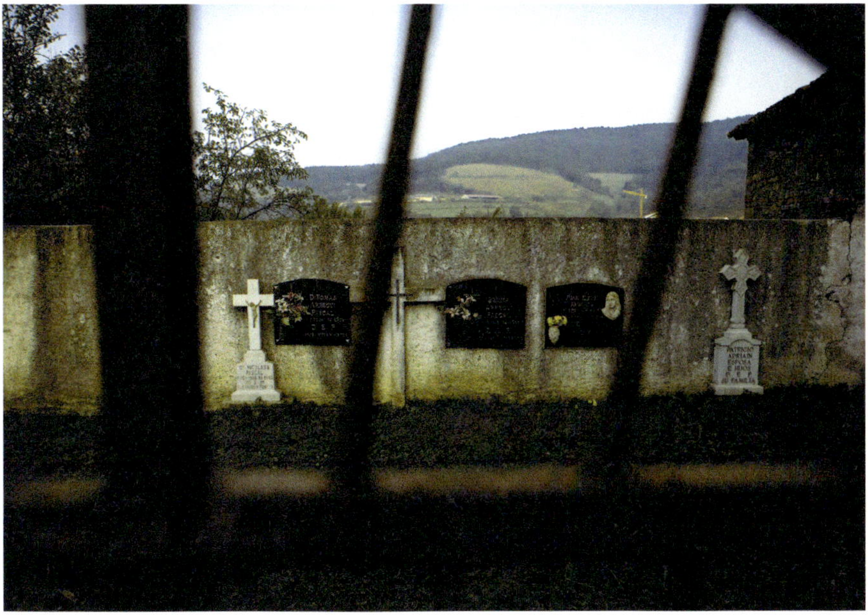

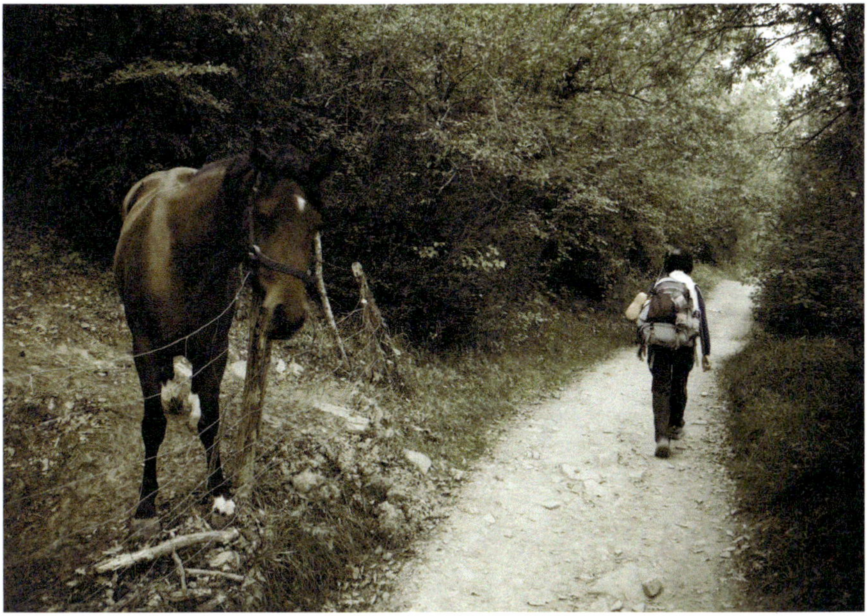

털을 내려뜨린 말 한 마리가 꿈적도 하지 않은 채 나를 정면으로 응시하고 있었으니, 순간 귀신이 나타난 줄 알았다. '짜식~ 놀랐잖아.'

한동안 심장이 벌렁거렸지만 한편으론 웃음도 났다. 다시 길을 걷다 보니 낡았지만 멋이 나는 집도 여럿 볼 수 있었다. 마당에 장작을 쌓아 놓은 모습을 보니 불현듯 추운 겨울, 따뜻한 실내에서 모닥불을 피우고 커피를 마시는 모습이 떠오른다. 작은 집 하나에서도 나름의 행복을 연상케 하는 풍경이 좋다. 가는 길목에 배추, 상추, 토마토, 근대 등이 오밀조밀 심어져 있는 풍경은 우리의 시골 텃밭과 비슷하다.

수비리에서 1시간 남짓 걸으면 다음 마을에서 물을 먹을 수 있는 곳이 있지만 그 다음 아레Arre 마을에 들어서기까지 12km 가량은 산길과 숲길이 이어져 뭐 하나 사 먹을 곳이 없다. 이럴 때를 대비해 비상 식량을 조금씩은 가지고 다니는 것이 좋다. 아레 마을에 들어설 때도 수비리처럼 예쁜 돌다리가 놓여 있다. 다리를 건너면 성당에서 운영하는 알베르게가 있다. 12시 30분부터 순례자를 받는데 시간이 좀 일러선지 이곳에서 머무르기로 한 순례자들이 문 앞에서 주르륵 기다리고 있었다.

우리는 아레 마을 안에 있는 카페테리아에서 빵과 진한 에스프레소로 요기를 하고 천천히 마을을 둘러보았다. 그리 크지도 작지도 않은 마을은 활기차 보였다. 오후 1시가 조금 넘은 시간, 아이들의 수업 시간이 끝났는지 꼬맹이들이 줄줄이 나온다. 카메라를 갖다 대니 멋지게 포즈를 잡는 아이, 춤을 추는 아이, 엉덩이를 내

밀며 장난치는 아이……. 어딜 가나 아이들의 모습은 천진난만하다. 태어난 지 한 달 됐다는 손자를 유모차에 태우고 나와 산책을 하는 노부부에게 아이가 예쁘다고 하니 입이 함지박만해진다.

이제 3.5km 정도만 더 가면 오늘의 목적지인 팜플로나. 마드리드에서 기차를 타고 왔던 그 도시다. 팜플로나는 소몰이로 유명한 산페르민 축제가 펼쳐지는 곳이기도 하다. 팜플로나 입구에 접어드니 지금껏 보아 왔던 풍경과는 달리 도심 분위기가 물씬 풍긴다. 시골 마을에서는 사람들을 만나면 인사도 잘 주고받았는데 도시로 나오니 무심코 지나치는 이들이 대부분이다. 노란 화살표를 따라 아랫길로 가니 공원parque municipal이 있고 공원 앞 벽면과 굴다리엔 알록달록한 색채로 낙서와 그림이 빼곡하게 그려져 있어 그 모습이 독특하다.

팜플로나 다리를 건너니 왼쪽으로 알베르게가 있다는 표시가 있다. 표시를 따라 들어가니 작은 알베르게가 있는데 방도 좁고 답답한 느낌이 들어 돌아 나왔다. 다른 알베르게가 있겠거니 했는데 아무리 봐도 눈에 띄질 않는다. 길은 넓은데 차들만 쌩쌩 다닐 뿐 주변에 물어볼 사람도 없어 난감했다. 그러던 중 자전거를 탄

사람이 앞을 지나가기에 얼른 물어보니 이 아저씨, 이곳저곳에 전화를 한다. 그러더니 공용 알베르게는 꽉 찼다며 사설 알베르게를 알려 주는데 좀 전에 우리가 들렀던 곳이다. 그곳은 별로 마음에 안 든다고 하니 이 아저씨, 여러 통의 전화 끝에 다른 곳을 알려 준다. 5km 정도 더 가면 좋은 알베르게가 있다며 우리의 의향을 묻는다. 가겠다고 하니 친절한 이 아저씨, 다시 전

화를 걸어 예약까지 해 준다. 그리곤 종이 쪽지를 꺼내 약도까지 세세하게 그려 준다. 우리를 위해 전화도 여러 차례 하고 적지 않은 시간을 소비한 아저씨에게 미안해서 전화비라도 좀 드리고 싶다니 무슨 소리냐며 극구 사양한다. 고마운 마음에 한국에서 사 온 열쇠고리를 선물로 드렸다.

아저씨가 그려 준 약도는 너무나 정확해 찾아가기는 쉬었다. 그러나 팜플로나가 오늘의 목적지라 하여 들어서면서부터 마음을 푹 놓았는데 시수르 메노르Cizur Menor까지 5km를 더 가야 한다니 맥이 빠졌다. 가는 길목에는 팜플로나 대학도 있고 주변에 멋진 잔디 공원도 펼쳐져 있었지만 몸이 힘드니 아름다움이고 뭐고, 빨리 도착해서 쉬고 싶은 마음뿐이었다.

꾸역꾸역 5km를 더 걸어와 들어선 알베르게. 가족적인 분위기에 마당도 넓고 잔디밭에 작은 분수까지 있는 곳으로 분위기가 괜찮았다. 주인 할머니도 무척 친절하다. 저녁 식사 후 침낭 속으로 들어가니 너무 편하고 따뜻했다. 하루의 여정을 마치고 포근한 침낭을 펼 때가 가장 행복하다.

　　이곳은 다른 건 다 좋은데 몸을 움직일 때마다 이층으로 된 나무 침대에서 삐거덕거리는 소리가 유난히 크다. 코 고는 소리보다 더 신경 쓰인다. 피곤한 다리가 저릴 때마다 움직이고 싶은데 침대 소리 때문에 꼼짝 않고 있으려니 괴롭다. 다른 이들도 마찬가지였나 보다. 누군가 한 번 움직이면 기다렸다는 듯 일제히 몸을 움직이는 소리가 나서 다들 한바탕 웃었다. 그동안 누군가 코를 골면 신경이 쓰여 잠을 설치기도 했지만 이럴 땐 차라리 누군가 코를 골아 주는 것이 반갑겠다.

Travel information

오늘의 여행 정보

오늘 통과한 마을
수비리-(5.5km)-라라소아냐-(11.5km)-아레-(3.7km)-팜플로나-(4.7km)-시수르 메노르

길의 특성
대체로 평탄한 오솔길과 그리 가파르지 않은 산길을 걸었다. 수비리에서 1시간 남짓 걸으면 다음 마을에 물 먹는 곳이 있지만, 그 다음 아레(Arre) 마을을 들어서기까지 12km 가량은 산길과 숲길이 이어져 뭐 하나 사 먹을 곳이 없다. 이럴 때를 대비해 비상 식량을 조금씩 가지고 다니는 것이 좋다.

알베르게
알베르게 이름은 Maribel Roncal(948-183-885). 요금은 7유로. 취사 가능. 자판기에서 스파게티 등 간단히 해 먹을 수 있는 식품을 판매한다. 빵과 과자, 커피, 음료 자판기도 있다. 샤워실은 남녀 따로. 각각 두 개의 샤워 시설과 두 칸의 화장실이 구비되어 있다. 주인 아주머니가 친절하고 영어를 할 줄 알아 편리하다.

식사
알베르게 앞에 있는 식당에서 순례자 메뉴를 9유로에 판매한다. 식당 앞에 국제 전화를 걸 수 있는 공중전화기가 있다. 콜렉트 콜을 하려면 900-990-82를 누르고 개인 번호를 누르면 된다.

가도 가도 끝없는 스산한 밀밭길

시수르 메노르 🐾 푸엔테 라 레이나 Fuente la Reina 22km

오늘로서 걸음 여행 나흘째. 아직까지 발바닥이 부르트지 않았으니 안심해도 될 것 같은 생각이 든다. 다행이다. 일어나자마자 배낭을 꾸리고 있는데 큼지막한 비닐봉지를 나누어 준다. 푸엔테 라 레이나에 새로 생긴 알베르게가 홍보 차원에서 무료로 짐을 옮겨다 준단다. 자기네 집에서 묵는다는 조건으로. 순례자가 많아지다 보니 사설 알베르게가 속속 생기면서 손님을 유치하려는 경쟁이 심심찮게 보인다. 이렇듯 사설 알베르게가 생겨나는 걸 보니 시간이 더 지나면 돈 받고 짐을 들어 주는 포터가 생길지도 모를 일이다.

거리를 따져 보니 오늘의 목적지는 푸엔테 라 레이나가 적당할 듯 싶어 우리도 필요한 물품만 남기고 옷가지나 침낭 등 무게가 나가는 것은 나누어 준 커다란 비닐봉지에 넣어 이름을 써 두고 맡겼다. 배낭이 가벼워지니 걸음도 한결 쉽고 몸도 가뿐한 게 날아갈 것 같다. 이대로라면 산티아고 길을 왕복해도 거뜬할 것 같다. 배낭을 온전히 맡기고 아예 맨몸으로 가는 이들도 있다.

마을을 지나니 넓은 들판 사이로 좁은 흙길이 길게 뻗어 있는데 그 모습이 마치 곱게 땋은 새색시의 머리 가르마 같다. 가도 가도 끝없는 밀밭길. 밀을 베어낸

들판은 스산했다. 바람의 흔적만 있을 뿐 사방이 고요하다. 황량한 것 같으면서도 시원한 들판에 가슴이 확 트인다. 피레네 산맥을 넘어올 때도 좋았지만 오늘 마주하는 길도 참 좋다. 하지만 어쩨 날이 꾸물꾸물하다. 심한 바람에 하늘엔 먹구름이 잔뜩 끼어 있다.

이 들판길을 지나면 산길, 일명 '깔딱고개'라 하는 페르돈 고갯길이다. 산등성이엔 풍력 발전기가 줄줄이 돌아간다. 산등성이 밑엔 해바라기 밭이 그득하다. 9월의 해바라기는 노란 꽃잎은 거의 다 떨어지고 씨앗만 까맣게 여물어 가고 있었

다. 간간히 해바라기 씨앗을 따 먹는 이도 보인다. 언덕 위로 점점 다가설수록 세찬 바람에 팽팽 돌아가는 풍력 발전기 소리가 엄청나다. 깔딱고개라 해서 내심 염려도 했지만 경사가 그리 급하지 않아 그다지 힘들지는 않다. 오히려 북한산을 오를 때가 더 힘들었던 것 같다.

　풍차 능선으로 이어진 언덕 정상에는 다양한 모습의 순례자 모습이 철판 조형물로 만들어져 있다. 나귀를 타고 가는 사람, 말을 타고 가는 사람, 나귀를 끌고 가는 이, 배낭을 메고 가는 이 등이 줄줄이 늘어서 있다. 순례자들마다 이곳에서 저

마다 포즈를 잡고 기념사진을 찍는다. 그 언덕을 넘어 내려가니 길에 돌들이 잔뜩 널려 있다. 마치 산사태가 나서 흘러내린 돌무더기 같다. 잔뜩 흐린 길에 비가 내리면 어쩌나 염려했는데 점점 날이 개면서 다시 해가 비치기 시작하니 다행이다. 그래도 바람은 제법 세고 날도 쌀쌀하다. 길가에 높이 뻗은 미루나무들이 세찬 바람에 이리저리 흔들린다. '쏴아~' 하며 나뭇잎 흔들리는 소리가 마치 파도 소리 같다.

12km 가량을 걸으니 우테르가Uterga 마을 입구다. 군데군데 건물만 있고 사람은 보이지 않는다. 움직이는 물체가 없으니 눈앞에 보이는 풍경이 모두 사진처럼 느껴진다. 마을 안으로 들어서니 수도에서 물이 콸콸 쏟아진다. 시원스럽게 쏟아져 나오는 물이 신선해 보여 병에 있던 물을 버리고 다시 받아 채웠다.

우테르가에 있는 알베르게에서 빵과 커피로 간단히 요기를 하고 나서니 이젠 포도밭이 보이기 시작한다. 이 길목에서 프랑스에서 왔다는 할아버지를 만났다. 통통한 체구에 70세는 족히 넘어 보이는 할아버지는 포도밭에 성큼성큼 들어가 포도 맛을 보라며 한 움큼 따 준다. 알맹이는 작지만 즙이 많은 게 달콤하다. 스페인의 포

도 재배 면적은 세계 1위라고 한다. 그래선지 와인이 싸다. 저녁마다 순례자 메뉴를 먹을 때도 와인은 빼놓지 않고 나왔다.

포도밭 앞 잔풀엔 달팽이들이 다닥다닥 붙어 있다. 할아버지는 그 달팽이 몇 개를 집어 나뭇가지로 살살 파내어 드시더니 내게도 건네준다. 혼자 걷던 할아버지는 그간 심심했는지 내 걸음에 맞춰 오시며 길가의 나무 이름을 일일이 얘기해 준다. 그렇게 한 시간쯤 걸었을까? 작은 마을 Obanos에 들어서니 할아버지가 작별 인사를 한다. 당신은 이제 힘들다며 여기서 멈추고 다시 프랑스로 돌아가신단다. 짧은 시간이었지만 살가운 정을 보여 주신 분이었는데. 길바닥에 앉아 가쁜 숨을 몰아쉬면서도 내내 손을 흔들어 주시는 할아버지를 뒤로 한 채 걸음을 옮기려니 코끝이 찡해 온다.

할아버지와 헤어진 후 오늘의 목적지인 푸엔테 라 레이나에 들어서니 마을이 제법 크다. 골목길을 따라 크고 작은 식당들이 늘어서 있고 아이스크림, 식료품, 기념품점도 제법 많다. 집집마다 꽃으로 장식한 모습이 화사하고 창틀에 널어놓은 빨래들이 바람에 너울너울 춤추는 모습이 활기차 보인다.

우리가 묵기로 한 알베르게는 마을 끝에 자리한 다리 - 11세기 나바르 왕국의 왕인 산초(Sancho) 3세의 부인인 마요르(Mayor) 여왕에 의해 지어진 로마네스크 양식의 아름다운 다리로, 일명 '여왕의 다리'라 불린다. - 건너 야트막한 언덕에 자리하고 있었다. 수영장까지 갖춘 최신식 건물인데다가 규모도 제법 컸다. 우리가 도착한 시간은 오후 3시쯤. 그 넓은 알베르게가 텅 비다시피 해서 우리 세 사람 모두 침대 아래 칸을 차지할 수 있었다. 짐도 이미 도착해서 한켠에 얌전히 있다. 떨어졌

○ 귀에 익은 샹송이 식당 안에 감미롭게 번진다. 앞의 노인이 성악이라면 프랑스 아저씨 노래는 음유 시인을 떠올리게 했다. 그 참에 식당에 모인 사람들 모두가 어울려 어깨동무를 한 채 노래를 부르며 흥겨운 시간을 갖게 되었다. 그 순간은 국적이 따로 없었다. 모두가 같은 길을 걷는 한 가족이다.

던 나의 짐을 다시 보니 반갑다.

저녁은 알베르게에서 운영하는 레스토랑에서 모두가 한자리에 모여 먹었다. 걸음 끝에 피로해진 몸에 와인이 들어가니 온몸이 자르르하다. 식사를 마칠 무렵 노인 한 분이 흥얼흥얼 노래를 부르신다. 작은 체구지만 풍부한 성량에 고운 음색으로 빚어내는 노인의 노래가 지친 몸을 달래 주던 와인처럼 짜릿했다. 다들 손깍지를 끼고 경탄하며 노래를 부른다. 칭찬은 고래도 춤추게 한다더니 오빠부대의 응원에 흥이 오른 노인은 음성을 가다듬어 목청껏 노래를 불렀다. 식당 안 여기저기서 박수가 터진다. 그러자 옆자리의 프랑스 아저씨가 기타를 꺼내든다. 귀에 익은 샹송이 식당 안에 감미롭게 울려 퍼진다. 앞의 노인이 성악이라면 프랑스 아저씨의 노래는 음유 시인을 떠올리게 했다. 그 참에 식당에 모인 사람들 모두가 한데 어울려 어깨동무를 한 채 노래를 부르며 흥겨운 시간을 갖게 되었다. 그 순간은 국적이 따로 없었다.

Travel information

오늘의 여행 정보

오늘 통과한 마을

시수르 메노르 - (12km) - 우테르가 - (4.5km) - 오바노스 - (3.2km) - 에우나테 - (2.3km) - 푸엔테 라 레이나

길의 특성

지평선이 아득한 넓은 들길을 두 시간 가량 걸으면 '깔딱고개'라 부르는 페르돈 고개가 나온다. 하지만 우리의 북한산보다 덜 가파른 정도. 페르돈 고개를 넘어 마을 하나를 지나면서부터는 포도밭길이 펼쳐진다.

알베르게

산티아고 아포스톨
SANTIAGO APOSTOL(948-340-220)
숙박료는 8유로. 100여 개의 침대 구비. 샤워실과 화장실은 남녀 구분. 깔끔하고 더운물도 잘 나온다. 수영장, 컴퓨터 구비. 자체 식당을 운영하며 저녁 식사는 9유로. 아침은 6시 30분부터 판매한다.

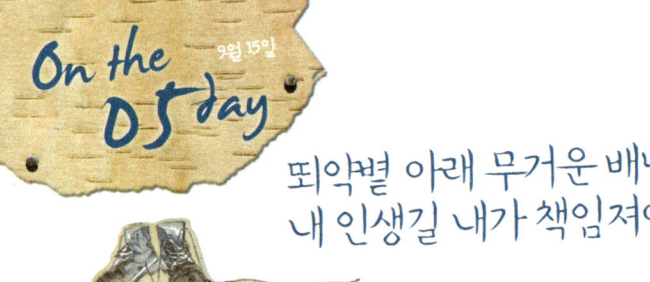

On the 05 day
9월 15일

뙤약볕 아래 무거운 배낭, 내 인생길 내가 책임져야지

푸엔테 라 레이나 ▸ 에스테야Estella **22km**

오늘은 7시가 넘었는데도 불이 안 들어온다. 불이 안 켜지니 실내가 컴컴해 짐을 싸는 게 불편했다. 주인에게 불을 좀 켜 달라니 자기가 켜면 빰을 맞는다며 맞는 흉내까지 낸다. 별일이네. 손님 비위를 맞추려다 보니 아침에 불 켜는 것도 손님 눈치를 봐 가며 제대로 켜질 못한다.

빵과 주스로 간단히 아침을 먹은 후 길을 떠났다. 알베르게를 출발해 한참 걸었는데 어째 길을 잘못 든 것 같다. 분명 화살표를 보고 따라왔는데, 말끔하게 정돈된 도로를 따라 고갯길을 걷다 내려다보니 저 아랫길로 배낭을 멘 이들이 띄엄띄엄 걸어간다. 어제 저녁 성악가 빰치게 노래를 하시던 프랑스 할아버지도 우리 발밑에 계신다. 이분은 배낭 대신 손수레를 끌고 걸어 항상 눈에 띄었다. '에고……, 2km는 족히 걸은 듯 싶은데.' 하지만 어쩌랴. 길이 아니면 돌아가야지.

2km 남짓 걸어온 산길을 다시 내려오니 프랑스 할아버지가 수레를 밀고 우리 쪽으로 올라오신다. 우리가 갔던 길이 맞다는 것이다. 알고 보니 자전거를 타거나 수레를 끌고 가는 이들을 위해 차도에도 화살표가 있었던 것이다. 수레를 끌던 할아버지는 애초에 우리가 들어선 길로 왔어야 했던 것이었다. 할아버지를 만난 김

에 되돌아 온 길을 다시 올라가니 왕복 4km를 헛수고한 셈이다. 날도 더운데 아침부터 허탕을 치며 힘을 빼니 맥이 쭉 빠진다.

할아버지의 이름은 레이몽. 프랑스에서부터 걸어와 오늘이 31일째란다. 열흘쯤 더 걸어 부르고스까지 갈 거란다. 환갑을 훌쩍 넘긴 듯 보이는 할아버지가 홀로 그렇게 다니는 모습을 보니 존경스럽다. 몇 번을 왔다갔다 했더니 아침부터 기운이 빠진다며 힘든 표시를 하니 내 배낭을 당신 손수레에 실으라고 손짓을 하신다. 아무리 수레라지만 짐을 실으면 끌고 가기는 더 버거울 터. 그래도 남을 먼저 생각해 주는 그 마음이 고맙다.

할아버지와 함께 걷다 보니 다시 보행자 도로와 교차된다. 우리는 보행자 도로로 접어들었고 할아버지는 그곳에서 홀로 도로로 들어선다. 보행자 도로는 군데군데 수레를 끌고 가기 힘든 길이 나오기 때문이다. 할아버지 홀로 가시는 모습을 보니 그것도 마음이 짠하다.

보행자 도로와 만나는 지점에 마을이 있는데 안쪽으로 접어드니 포도로 유명한 고장이라 그런지 집 담장과 창문가엔 꽃 대신 포도넝쿨이 덮여 있고 탱글탱글한 포도들이 주렁주렁 달려 있

○ 할아버지의 이름은 레이몽. 프랑스에서부터 걸어와 오늘이 31일째 란다. 열흘쯤 더 걸어 부르고스까지 갈 거란다. 환갑을 훌쩍 넘긴 듯 보이는 할아버지가 홀로 그렇게 다니는 모습을 보니 존경스럽다. 몇 번을 왔다갔다 했더니 아침부터 기운이 빠진다며 힘든 표시를 했더 니 내 배낭을 당신 손수레에 실으라고 손짓을 한다. 아무리 수레라지 만 짐을 실으면 끌고 가기는 더 버거울 터. 그래도 남을 먼저 생각해 주는 그 마음이 고맙다.

는 모습이 독특하다.

푸엔테 라 레이나에서 에스테야 가는 길목엔 포도밭이 줄줄이 펼쳐져 까맣게 익은 포도들이 주렁주렁 탐스럽게 달려 있다. 가장자리 포도밭은 군데군데 포도가 듬성듬성 없어진 모습이다. 순례자들이 가다가 하나둘씩 따 먹기 때문이다. 농장 주인도 아예 가장자리 포도는 순례자들이 따 먹으려니 하는 모습이다. 가끔 허기도 지고 목도 말라 원 없이 따 먹고 싶었지만 남이 애써 가꾼 것을 냘름 따 먹기가 미안하다. 그저 몇 알씩 맛만 보는 수밖에.

포도밭을 스치며 지나가다 보니 시라우구이Cirauqui 마을로 가는 길옆에 까맣게 익은 산딸기가 지천으로 널려 있다. 산딸기가 징그러울 정도로 다닥다닥 붙어 있다. 꿩 대신 닭이라고 포도 대신 산딸기를 원 없이 따 먹었다. 햇빛이 워낙 강하니 산딸기도 바짝 말라 즙은 그리 많지 않았다.

바람 한 점 없는 날에 햇볕은 어찌 그리 강한지. 특히 오후가 되면 살갗에 닿는 햇볕이 바늘로 찌르는 것처럼 따갑기까지 하다. 며칠 걷지 않았는데 칠부바지 밑으로 드러난 종아리는 커피색 스타킹을 신은 것처럼 까무잡잡하게 변했다. 운동화엔 햇볕에 바짝 마른 길 먼지가 뽀얗게 앉아 있다. 뙤약볕 길을 걷다 보니 배낭이 더욱 무거운 느낌이다. 그래도 짊어지고 가야 한다. 누구에게 도움을 청할 수도 없다. 내 인생길 내가 책임지는 것과 똑같다.

에스테야에 도착해선 공용 알베르게에서 묵었다. 날이 더워선지 오후 2시 무렵인데도 이미 알베르게가 거의 다 차 복잡했다. 이곳에선 '민망 시리즈'의 연속이었다. 방마다 16개 정도의 2층 침대가 있는데 비좁은 느낌이다. 그 방 한쪽 끝엔 샤워실, 한쪽 끝엔 화장실이 있는데 변기 물 내리는 소리도 엄청 커서 화장실을 사용하기가 좀 민망했다. 남녀 공동으로 사용하는 샤워실은 더했다. 안에 들어가면 샤워 커튼이 있긴 하지만 옷은 커튼 밖에서 갈아입어야 하므로 남녀가 같이 들어가기가 민망하기 그지없다. 그래서 한번 남자가 들어가면 줄줄이 남자가 들어가고, 여자가 들어가면 여자만 들어가게 된다. 게다가 유럽에서 온 아저씨들은 팬티 한 장만 걸치면 옷을 다 입은 걸로 아는 건지, 뚱뚱한 몸에 딱 달라붙는 삼각팬티만 입고도 태연하게 돌아다녀 민망하기 짝이 없다.

그나마 1층 침대를 차지해서 다행이다 싶었던 시어머니는 윗침대를 차지한 뚱뚱한 독일 아저씨 때문에 눈을 어디로 둬야 할지 난감해한 적이 한두 번이 아니다. 침대에 누워 있다 보면 2층 침대에서 아저씨가 내려올 때마다 털북숭이 다리가 스윽~ 내려오는가 싶으면, 착 달라붙은 삼각팬티가 터져나갈 듯한 거시기 부분이 스윽~, 불룩 튀어나온 배가 스윽~ 순서대로 나타나니 끔찍할 수밖에.

어쨌든 그 와중에서도 샤워하고 빨래도 해 놓고 동네를 한 바퀴 돌았다. 마을이 제법 큰 게 기념품점도 많다. 넓은 계단이 인상적인 성당 앞엔 박물관도 있다. 그 앞에선 동네 아이들이 죄다 나왔는지 수십 명이 어울려 논다. 계단 옆 돌난간에서 줄줄이 미끄럼을 타는가 하면 우르르 몰려다니며 남의 집 초인종을 누르고는 주인이 내다보면 도망가거나 숨는 아이들. 우르르 몰려다니는 게 꼭 참새 떼 같다. 아이들이 있는 골목은 생기가 넘친다. 나 어릴 적에도 저렇게 놀았는데……. 요즘 우리나라에선 아이들이 같이 어울려 노는 풍경을 좀처럼 볼 수 없으니, 안타깝다.

노르스름한 가로등 불빛에 싸인 에스테야의 밤거리도 아름답다. 마을 초입에 자리한 성당 문에 새겨진 조각상이 불빛을 받으니 은은한 게 멋있다. 불빛에 비친 강물의 물결 무늬가 담벼락에서 살랑대는 모습도 예쁘다.

Travel information

오늘의 여행 정보

오늘 통과한 마을

푸엔테 라 레이나-(5km)-마네루-(2.5km)-시라우꾸이-(5.5km)-로르카-(5km)-비아투에르타-(4km)-에스테야

길의 특성

오늘은 오르락내리락하는 포도밭 언덕길의 연속이었다. 하지만 5km가량마다 마을이 있어 그다지 지루하진 않다.

알베르게

에스테야 마을 입구에 있는 사설 알베르게를 지나고 고가 밑을 지나자마자 10m 왼쪽에 있는 알베르게에서 묵었다. 이름은 Hospital Peregrinos. 요금은 5.50유로, 침대 114개. 1층 주방을 통과하면 뒷마당에 세탁실이 있다. 세탁기 사용료는 3유로. 세제를 따로 주지 않는다. 빨래가 많아 세탁기를 이용하니 한 시간이 넘게 걸린다. 덕분에 빨래줄이 모자라 빨래를 너는 데 애를 먹었다. 경험컨대 빨래는 세탁기보다는 손빨래, 고체 비누보다는 가루 비누를 풀어 주물주물 빨아 너는 것이 훨씬 편하다.

식사

에스테야 마을에는 레스토랑도 많지만 제법 큰 슈퍼도 있고 알베르게 안에 주방 시설도 잘 갖춰져 있어 재료를 사다 직접 해 먹는 것도 좋다. 이 알베르게에서 한국인을 만나 누룽지에 해물탕까지 얻어 먹었다. 늘 빵이나 고기만 먹다가 얼큰한 해물탕과 구수한 누룽지를 먹으니 속이 개운해진다.

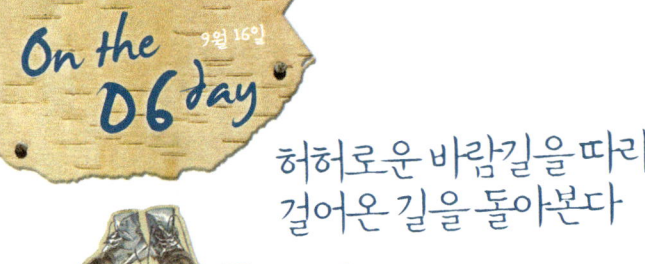

On the 06 day
9월 16일

허허로운 바람길을 따라
걸어온 길을 돌아본다

에스테야 🐾 로스 아르코스Los Arcos **22.1km**

간밤엔 잠을 꽤나 설쳤다. 아래 침대, 옆 침대 할 것 없이 사람들이 뒤척일 때마다 삐걱대는 침대 소리에 여기저기 코고는 소리들도 만만치 않았다. 어설픈 잠 끝에 눈을 뜨니 6시가 채 안 된 시각. 이른 아침 곤히 잠든 사람들을 방해하지 않도록 조심조심 배낭을 꾸리곤 까치 걸음으로 침대를 벗어났다. 아침은 어제 가게에서 미리 사 두었던 빵과 우유로 해결했다.

날이 채 밝지 않은 어둠 속을 3km가량 걸어오니 이라체Irache 수도원. 이곳에는 두 개의 수도꼭지가 있는데 오른쪽 것을 틀면 물이, 왼쪽 것을 틀면 포도주가 나와 사람들마다 이곳은 꼭 들러 한 모금씩 마시고 간다. '18세 미만은 포도주를 마시지 말라'는 문구가 있지만 얼마나 지켜질지……. 포도주 꼭지를 돌리니 포도주가 찔끔찔끔 나온다. 수도꼭지에서 불그스름한 포도주가 나오니 신기하다. 이른 아침부터 와인을 몇 모금 마셔서인지 알딸딸한 기분이다. 이곳엔 와인 박물관도 있지만 이른 시간인지라 둘러보지 못하고 지나왔다.

이라체 마을에서 두 개의 작은 마을을 지나 다음 마을인 로스 아르코스Los Arcos까지는 가도가도 끝없는 벌판길이다. 무슨 땅이 이리도 넓담! 이 넓은 길을 보

니 좁은 땅덩어리 위에서 복닥대며 사는 우리네 모습이 왠지 눈물겹다. 땅 투기하는 복부인들까지도 뜬금없이 가엽다는 생각이 든다. 조금의 틈만 있어도 여지없이 건물이 쑥쑥 들어서는 우리에겐 땅도 사람도 숨통 트일 일이 거의 없다.

오늘은 아침부터 도착할 때까지 내내 혼자 걸었다. 시어머니는 알베르게에서 만난 한국 여인과 벌써 앞서 갔고 같이 출발한 돌다리는 초반부터 한참 뒤쳐져 왔다. 아침부터 별것 아닌 것 가지고 서로 뚱해져 각각 가다 보니 하필이면 이렇듯 황량한 길이다. 머피의 법칙인가? 가도가도 밀밭만 보이는 흙길을 온종일 걸었다. 앞을 봐도 뒤를 봐도 사람이라곤 보이지 않는다. 가다가 땡볕에 앉아 몇 번을 기다려도 돌다리의 모습은 보이질 않는다. 햇볕은 내리쬐고 걷는 걸음마다 먼지가 풀썩인다. 뙤약볕을 피해 고개를 푹 숙인 채 발 아래 보이는 그림자를 질경질경 밟으며 걸음을 내딛었다. 불현듯 이 황량한 벌판에 나 혼자 덩그마니 놓여 있다는 생각을 하니 목에서 울컥 뭔가 치밀어 오르며 눈물이 찔끔 난다. 길을 걷다 보니 별것 아닌 일에도 예민해져 마음이 상하게 된다.

○ 다시 뒤를 돌아본다. 텅 빈 길에 불어오는 바람이 허허롭다. 수백 년 전 순례자가 걸어왔고 지금도 많은 이들이 걷고 있고 내가 걸어온 길. 걸음을 멈추고 돌아서서 바라보는 길은 이제 과거다. 과거를 바라보며 지난날을 떠올린다. 부끄럽다. 다시 걸음을 내딛는다. 눈앞에 펼쳐진 아득한 길. 멀지 않은 시간에 내게 다가올 미래다.

가도 가도 끝없는 지평선이 펼쳐진 아득한 길. 그 길처럼 내 마음도 왠지 모를 아득함으로 우울한 마음이 더해졌지만 어찌 보면 시원하게 뚫린 그 길이 답답한 마음을 풀어 주는 듯도 싶었다.

다시 뒤를 돌아본다. 텅 빈 길에 불어오는 바람이 허허롭다. 수백 년 전 순례자가 걸어왔고 지금도 많은 이들이 걷고 있고 내가 걸어온 길. 걸음을 멈추고 돌아서서 바라보는 길은 이제 과거다. 과거를 바라보며 지난날을 떠올린다. 부끄럽다. 다시 걸음을 내딛는다. 눈앞에 펼쳐진 아득한 길. 멀지 않은 시간에 내게 다가올 미래다. 과거와 현재와 미래가 공존하는 길을 걸으며 부끄럽지 않을 앞으로의 삶을 다짐해 본다.

중간에 마땅히 쉴 곳도 없어 내처 걸었더니 오늘의 목적지인 아르코스에 도착한 건 12시 30분. 생각보다 이른 시간이라 좀 더 갈까도 싶었지만 몸도 지치고 마음은 더 지쳐 있는 상태. 먼저 도착한 시어머니도 이미 알베르게에 짐을 풀어 놓은 터에 예정대로 예서 멈췄다.

이제는 한국 사람들도 이 길을 많이 걷는 모양이다. 알베르게에 들어서니 각국의 환영 인사말 중 '환영합니다'라는 한글도 한 자리를 차지하고 있다. 먼 타국 땅에서 한국말을 보니 반갑다.

빨래를 하고 샤워를 마치고 나서도 난 여전히 혼자였다. 상한 마음이 좀체 풀리질 않는다. 더구나 알베르게에 거의 도착할 즈음 이제나저제나 기다리던 끝에 나타난 돌다리는 혼자가 아니었으니. 어제저녁 해물탕을 나누어

준 한국인 일행과 도란도란 얘기를 나누며 오는 모습을 보니 은근히 열도 났던 터다. 말없이 휙 나와 마을을 둘러보니 별로 볼 것도 없다. 땡볕만 내리쬐고, 오늘은 왜 이리 받쳐 주는 게 없누…….

Travel information

오늘의 여행 정보

오늘 통과한 마을

에스테야-(2.8km)-이라체-(5km)-아즈꾸에타(1.9km)-브이 마요르 데 몬하르딘-(12.4km)-로스 아르코스

길의 특성

이라체 마을에서 두 개의 작은 마을을 지나 다음 마을인 로스 아르코스까지 12.5km가량은 물을 먹는 곳도, 사 먹을 곳도, 나무도 없는 황량한 벌판길이다. 이 길목을 앞두고는 물을 충분히 준비해 가는 것이 좋다.

알베르게

ALBERGUE CASA DE AUSTRIA
요금은 7유로. 남녀 구분된 화장실, 샤워실이 각각 2개씩. 커피 자판기(0.70유로), 음료수 자판기(1유로), 국제 전화를 걸 수 있는 전화기 구비. 작은 거실 안에 사람들이 두고 간 책도 제법 많다. 우리가 묵은 알베르게 외에 다른 알베르게가 또 있다.

식사

우리가 묵은 알베르게는 주방 시설이 없었다. 마을 안에 레스토랑이 있다.

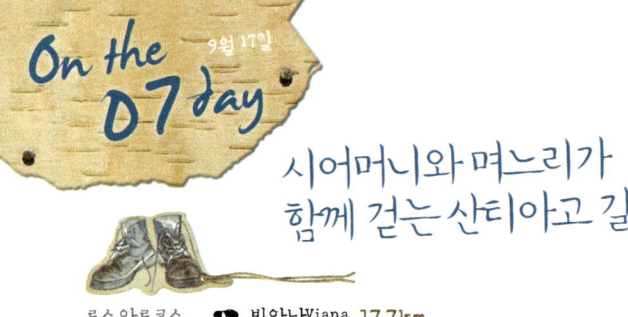

On the 07 day
9월 17일

시어머니와 며느리가 함께 걷는 산티아고 길

로스 아르코스 ─ 비아나Viana 17.7km

아직 어둠이 채 가시기 전에 길을 나섰다. 어제에 이어 돌다리와 나는 여전히 뚱한 상태였다. 아무 소리 않고 한참을 걷다 보니 뒤따라온 시어머니가 물으신다.

"내가 너한테 뭐 서운하게 한 거라도 있니?"

어제 오늘 한마디도 않던 내 행동이 혹여나 당신 때문은 아닌지 오해하셨던 모양이다. 시어머니의 그 말을 듣는 순간 '아차' 싶었다. 부부간의 사소한 불협화음이 엉뚱하게 시어머니에게 불똥이 튄 꼴이 되었으니……. 말은 안 하셨지만 내내 불편하셨던 게다. 지금 이 길을 걷는 건 우리 부부만이 아니다. 시어머니가 함께 하신 길이다. 짧은 내 생각에 잠시나마 심려를 끼쳐드려 죄송했다.

"그게 아니고요, 사실은……."

오해를 풀어 드리고 시어머니와 나란히 길을 걸었다. 천천히 걸으며 많은 이야기를 나누었다. 시어머니가 살아 오신, 길고 긴 얘기도 다시금 들었다. 지금이야 어느 정도 여유가 생겨 이렇게 긴 여행도 다니시곤 하지만 시집 와서 시아버님의 연속된 사업 실패로 인해 오랫 동안 말 못할 고초도 숱하게 겪으셨다. 가끔 시어머니의 지난 얘기를 듣다 보면 어느새 내 눈엔 눈물방울이 맺히곤 했다. 오늘도

시어머니의 얘기를 듣다 보니 눈물이 난다. 찬찬히 말씀하시는 시어머니의 눈가도 이미 촉촉이 젖어 있다. 그렇게 시어머니와 며느리가 질금질금 눈물을 흘리며 한 길을 걸었다.

가깝고도 먼 사이라는 고부지간. 하지만 시어머니는 나를 며느리가 아닌 딸처럼 대하신다. 나 역시 시어머니가 아닌 내 엄마처럼 생각한다. 고부지간이 아닌 모녀지간이 되려는 두 여자. 가끔은 두 여자가 두 남자에 대한 성토 대회를 열기도 한다. 부부싸움 끝에 아들에 대한 '죄상'을 낱낱이 고하면 "이놈의 새끼가……." 하시며 나보다 더 흥분하신다. 그리곤 이에 질세라 "얘, 니 아버지는 어떻고……" 하시며 시아버지에 대한 흉을 내게 일일이 고하신다.

하지만 아무리 잘한다 해도 결국은 시어머니요, 며느리라는데……. 밤낮으로 함께 하며 길을 걷다 보니 은연중에 딸 같은 며느리보다는 아들을 먼저 챙기는 원초적 본능을 보이시는 시어머니의 모습이 간간이 느껴지기도 한다. 나 역시도 어머니를 챙기는 마음이 아무래도 아들보단 못하단 생각이 들 때가 더러 있었으니 그 미묘한 마음을 시어머닌들 못 느꼈겠는가. 피 한 방울 안 섞인 사이가 아무럼 내 아들, 내 엄마만 같으랴만, 그럼에도 이 길을 걸으면서 말뿐인 딸, 말뿐인 엄마가 아니라는 생각은 확고해졌다. 시어머니와 함께 이 길을 걷길 잘한 것 같다.

이 길은 특히 결혼을 앞둔 연인들이 함께 걸어 보는 것도 좋을 것 같다. 내 남자가, 내 여자가 어떤 사람인지 확실히 알 수 있을 것 같다. 체력은 물론 대인 관계, 상대방에 대한 이해심이나 배려, 인내심, 주어진 상황에 얼마나 유연하게 대처하는지 등. 하나부터 열까지 속속들이 알 수 있어 종합적인 인간성을 엿볼 수 있기에 아주 좋은 길이다. 혼자 걸어도 좋다. 혼자 걸으면 친구도 많이 만날 수 있다. 친구가 되어 함께 어울리다 템포가 안 맞으면 다시 헤어지고, 인연에 집착하지 않고 물 흐르는 대로, 발길 가는 대로 가는 게 이 길 여행이다.

오늘도 나무 한 그루 없는 민둥산 길이다. 보이는 건 아득한 길뿐. 그 길목에 바닥이 다 떨어진 신발 한 켤레가 놓여 있다. 어느 순례자가 신던 걸 버리고 간 모양이다. 저 신발은 어느 길을 어떻게 거쳐 왔을까?

오늘의 목적지인 비아나에 거의 닿을 즈음 후두두 비가 내린다. 길 떠난 후 처음으로 맞는 비다. 기껏 우비를 꺼내 입고 몇 걸음 안 갔는데 비가 멈춘다. 그러다 또 다시 찔끔 내린다. 그렇게 비가 오락가락한다. 입고 있자니 덥고, 벗자니 언제 또 내릴지 몰라 그냥 입고 걸으려니 등에서 땀이 줄줄 흘러내린다.

비아나에 들어서니 마을이 아담한 게 평화스러운 모습이다. 순례자의 길 마크를 따라 안쪽으로 들어오니 성당Iglesia de Santa Maria이 보인다. 성당을 끼고 오른쪽으로 돌면 자그마한 광장 끝에 알베르게가 있다. 좁고 가파른 계단을 올라 알베르게에 들어서니 이미 꽉 찼다며 주인이 다른 알베르게를 알려 준다. 이곳에서 200m 가량 더 들어가면 왼쪽에 있단다. 수도원을 개조한 알베르게의 이름은 안데레스 무뇨즈ANDERES MUÑOZ. 앞에 있던 알베르게보다 훨씬 넓고

뒷마당도 멋지다. 닭 대신 꿩을 잡은 셈이다.

늘 하던 것처럼 빨래하고 샤워한 후 마을 구경을 나섰다. 골목길도 참 깔끔하다. 마을 안에 슈퍼와 빵 가게는 있지만 기념품점은 별로 보이질 않는다. 성당 앞 광장에 할아버지들이 옹기종기 모여 나와 있는 모습이 파고다 공원 같은 분위기다. 할머니들은 별로 안 보인다. 할머니들은 저녁이면 말끔하게 옷을 차려입고 커피를 마시러 나온다.

동네 입구엔 투우장도 있다. 동그스름한 운동장 가장자리엔 철골로 얼기설기 만들어진 스탠드만 있을 뿐. 오픈된 공간으로 오다가다 경기를 볼 수 있고 주변에 사는 사람은 창문만 열면 바로 경기를 볼 수 있게 되어 있다. 따로 관람료를 받는 게 아니라 아마 축제 때 경기를 하는 모양이다.

이 마을에서 며칠 전에 만났던, 역사 소설을 쓴다는 스위스인 크리스토퍼를 만났다. 그는 성당 옆에 있는 알베르게에 묵는다고 했다. 한 번 알게 된 사람을 다시 보면 반갑다. 그도 우리를 보더니 무척 반가워한다. 우리의 첫 인연이었던 이네스는 지금쯤 어디에 있을 런지. 불현듯 그녀가 궁금해진다.

○ 오늘도 나무 한 그루 없는 민둥산 길이다. 보이는 건 아득한 길뿐. 그 길목에 바닥이 다 떨어진 신발 한 켤레가 놓여 있다. 어느 순례자가 신던 걸 버리고 간 모양이다. 저 신발은 어느 길을 어떻게 거쳐 왔을까?

Travel information

오늘의 여행 정보

오늘 통과한 마을
로스 아르코스-(6km)-산솔-(0.8km)-토레스 델 리오-(10.9km)-비아나

길의 특성
나무 한 그루 없는 민둥산 길이다. 아득한 들판길에 경사가 완만한 산길도 지나쳤다.

알베르게
마을 한복판에 자리한 성당 옆에 알베르게가 하나 있다. 우리가 묵은 곳은 그곳에서 200m쯤 떨어진 곳에 있는 ANDERES MUÑOS. 요금은 5유로. 넓은 거실 안에 커피, 음료 자판기가 있다. 주방 시설이 갖춰져 요리해 먹기도 좋다. 뒤뜰에서 내려다보는 전망도 근사하다. 단 침대가 3층짜리라 3층에 자리한 사람은 오르내리기가 다소 불편하다.

식사
알베르게 앞에 별 세 개짜리 호텔을 겸한 레스토랑에서 식사를 할 수도 있다. 코스 요리는 10유로 정도. 후식으로 과일을 시키면 푸르스름한 사과 한 알을 접시에 덜렁 내오는 모습이 재미있었던 곳이다.

On the 08 day
9월 18일

축제 열기 가득한 로그로뇨의 골목골목

비아나 🐾 로그로뇨 Logroño 9.4km

날이 흐리다. 허허벌판 끝자락에 자리한 절벽 같은 산중턱에 구름이 뽀얗게 덮여 있다. 구름으로 층층이 겹싸인 산의 모습이 독특하다. 영화 〈반지의 제왕〉의 한 무대처럼 신비스러워 보이기까지 한다. 그 산줄기에 빽빽하게 들어선 풍력 발전기가 팽팽 돌아가고 있다. 먼발치에서 보니 마치 이쑤시개가 돌아가는 것 같다.

날이 흐리니 걷기는 좋다. 게다가 흐린 날은 깊이가 있는 느낌이다. 짐이 무거워 어떻게든 하나라도 덜어 놓고 가려는데 아침마다 먹을 것은 악착같이 챙겨 간다. 우리뿐만 아니라 빵과 음료수 등을 비닐봉지에 담아 배낭에 대롱대롱 매달고 가는 사람들을 보면 그 모습도 재미있다.

오늘의 목적지는 비아나 다음 마을인 로그로뇨, 10km가 채 안 되는 거리지만 이곳에서 축제-포도 수확제-가 열린다기에 구경도 할 겸 쉬엄쉬엄 가기로 했다. 가는 길목에 자동차 도로 밑 굴다리를 지나는데 재미있는 그림들이 빼곡하게 들어차 있다. 먼 길을 걸어온 순례자들이 저마다의 심경이나 상태를 재치 있는 그림을 통해 고스란히 표현해 놓은 것들이다. 뽀글 머리에 눈을 부릅뜨고 비장한 얼굴로 걷는 이가 있는가 하면 발바닥이 유난히 힘들었던 이는 신발에 이글이글 불타

오르는 그림을 그려 놓곤 50도라는 온도까지 써 넣었다. 모기에 시달렸던 사람은 가족들이 줄줄이 걷는 여행길에 모기가 앵앵거리며 끈질기게 따라붙는 그림으로 표현했고 고통스러운 사람은 어깨가 축 처진 모습으로, 생생한 사람은 한쪽 다리를 꼰 채 싱글싱글 웃으며 담배를 피우는 모습으로 표현하는 등 모두들 제각각이다. 나는 어떤가. 목덜미가 뻐근한데 이걸 어떻게 그릴까. 방망이로 목덜미를 두들기는 그림을 그려 넣고 싶었지만 그림 솜씨가 젬병이라……

로그로뇨로 들어서기 직전, 길가에 아몬드 나무가 줄줄이 심어져 있다. 떨어진 아몬드를 돌멩이로 까먹으니 고소하다. 내친 김에 나무에 매달린 아몬드를 더 따 먹으려 고개를 쳐들었다가 이미 입에 들어간 껄난 아몬드 하나가 목에 걸려 캑캑대며 눈물 콧물을 다 흘렸다. 괜한 욕심을 부리다 혼쭐이 난 셈이다. 로그로뇨에 거의 다 오니 길가에 작은 집El Chozo이 보인다. 집 앞에 서 있던 할머니와 아줌마가 우리를 보더니 "스탬프, 스탬프" 한다. 순례자 여권에 스탬프를 찍고 가란 얘기다. 안에 들어서니 테이블에 커피와 빵도 놓여 있다. 스탬프를 찍어 주던 아줌마가 커피 한잔 마시라는 손짓을 한다. 알아서 먹고 돈도 알아서 내는 곳이다. 커피를 마시는 동안 모녀라는 두 여인이 작은 문 앞에서 얼굴을 내밀고 있다 사람들이 올 때마다 우리에게 그랬듯 손짓을 하곤 집으로 쏙 들어가 사람들이 들어오길 기다리는 모습이 아주 재미있다. 그 집에서 커피를 마시고 약간의 돈을 통에 넣은 후 다시 길을 나섰다.

로그로뇨에 들어서니 초입에 공동묘지Cenenterio Municipal de Logrono가 있다. 묘지라기보다 공원 같은 느낌이다. 아름다운 꽃들로 장식된 묘지는 화원 같기도 하고 다양한 형태의 묘비들은 조각 전시장을 방불케 한다. 묘지조차도 지극히 화려한 게 있는 반면 아주 소박한 것도 있다. 눈에 보이는 차이는 있지만 그 무슨 소용이랴. 돈, 권력, 명예……. 원 없이 쥐고 산 사람이나 그렇지 못한 사람이나 생이 끝난 후 이렇게 같은 땅에 묻히면 다 똑같은 것을. 죽어서 더욱 화려하게 치장한 무덤이 내 눈엔 더 허망하게 보이는 건 왜일까?

이곳에서 유독 눈길이 갔던 건 1991년에 태어나 1993년에 세상을 뜬 어린아이의 무덤이었다. 세상 빛도 제대로 보지도 못하고 세 살의 나이에 죽은 영혼이 가슴을 아프게 했다. 다른 곳은 조화가 대부분이었지만 이곳에는 방금 갖다 놓은 듯 싱싱한 생화가 꽂혀 있다. 어린 자식을 떠나보낸 부모의 마음일 것이다. 그러고 보면 자식은 부모 앞에서 무탈하게 잘 커 주는 것만으로도 큰 효도다.

로그로뇨에 도착한 건 낮 12시. 마을 안에 있는 알베르게는 오후 1시가 되어야 문을 연단다. 무작정 알베르게 앞에서 기다리기가 뭐해 마을을 둘러보기로 했다. 축제가 한창인 터라 먹거리 장터도 여기저기 펼쳐져 있다. 그중 철판에 베이컨을 지글지글 구워 빵에 올려낸 것이 인기인 듯 사 먹으려 줄 선 사람들이 100m가량 늘어서 있다. 야구모자에 선글라스까지 끼고 나온 개가 그 냄새에 못 이겨 자꾸만 다가가려니 할아버지가 줄을 당기며 개와 씨름을 한다.

거리엔 퍼포먼스 예술가들이 줄줄이 늘어서 있다. 머리끝에서 발끝까지 금빛으로 칠한 젊은 남자는 구슬 굴리기 묘기를 보인다. 스파이더맨 복장을 한 배불뚝이 할아버지는 작은 의자 위에 올라서서 눈만 껌벅이는 모습이 재미있다. 누군가 통에 동전을 넣으면 꼼짝 않고 서 있다 갑자기 막대사탕을 내밀며 만세를 부르게 한 후 같이 기념사진을 찍는 게 일이다. 독특한 인형을 뒤집어 쓰고 지나가는 거리 퍼레이드 행렬도 보인다. 거리가 온통 축제 열기에 정신이 없다. 그 틈에서도 우리의 행색이 튀긴 튀었나 보다. 동양인이 드문데다 누가 봐도 도시의 차림새와는 거

리가 먼 배낭을 짊어졌으니. 축제 열기를 취재하러 나온 듯 카메라를 든 기자들마다 우리를 집중 촬영하고 인터뷰까지 당했으니 아무래도 오늘 저녁 이 지역 텔레비전이나 신문에 나올 것 같다.

알베르게 문 열 시간이 되어 다시 가 보니 그새 많은 순례자들이 와서 줄을 서 있다. 여장을 풀고 다시 거리로 나왔다. 배낭을 내려놓고 걸으니 몸이 날아갈 것 같은 기분이다. 축제의 열기는 여전했고 골목마다 빼곡히 들어찬 사람들 모두 흥겨운 모습이다. 가족이 총출동한 듯 노인부터 꼬마까지 어우러져 춤을 추던 사람들이 우리를 위해 뭔가를 보여 주자 했는지 우리를 불러 세우며 가족 공연을 펼친다. 목에 빨간 머플러를 두르고 다 같이 빙빙 돌며 노래를 하다 "올레!" 하며 머플러를 던지는 모습을 한참이나 보여 주었다. 그러더니 아이들이 우리에게 다가와 자신의 목에 둘렀던 머플러를 기념으로 건네준다. 어떤 이들은 우리에게 와인을 한 잔씩 사 주기도 했다. 어떤 이는 사과주가 유명하다며, 말이 안 통하니 종이에 사과를 그린 후 그것을 발로 밟아 만든 술이라며 몸짓으로 설명해 주며 한잔 따라 주기도 했다. 그러면서 "오늘 오후 투우 경기가 있고 내일 아침은 재미있는 소 서커스 공연이 있다"며 꼭 보고 가란다.

하지만 그것도 잠시. 오후 2시가 넘어가면서 사람들이 하나둘 빠져나가더니 거리가 금세 썰렁해졌다. 오후 2시경부터 오후 4, 5시 무렵까지 스페인의 낮잠 시간으로 알려진 씨에스타 때문이다. 그래도 그렇지. 우리 같으면 오후 3시 정도면 축제가 한창이련만 축제를 열다 말고 다들 잠자러 들어가다니, 아무튼 재미있는 나라다. 그토록 번잡했던 거리는 썰렁해졌고 청소부만 남아 거리를 청소하고 있다.

5시 무렵이 되니, 슬슬 사람들이 다시 보이기 시작한다. 썰렁했던 거리에 사람들이 나타나니 괜히 반갑다. 이제 나온 사람들 대부분이 투우 경기장으로 가는 듯

했다. 우리도 사람들을 따라 경기장으로 향했다. 투우 경기는 마드리드에서 본 이후 두 번째. 마드리드에선 입봉 투우사 경기라 값이 10유로였는데 이곳은 축제 기간이라 유명 투우사를 초청해선지 입장료가 50유로나 된다. 값이 부담스러워 망설였지만 언제 또 보랴 싶어 보기로 했다. 소 한 마리를 놓고 여러 사람이 약을 올리며 결국 죽여서 내보내는 투우 경기가 야비하고 잔인하단 생각은 들었지만, 그래도 묘한 매력이 있다.

경기장은 사람들로 가득했다. 먼저 나온 투우사는 이름값을 하려는 듯 노련하게 소를 유인하다 단칼에 숨통을 끊는다. 이렇듯 단 한 번에 깔끔하게 소를 눕히는 투우사에겐 관중들이 하얀 손수건을 흔들며 환호를 해 주고 관중의 호응도에 따라 투우사는 자신이 죽인 소의 귀를 받게 된다. 투우사가 소의 귀를 받는 것은 대단한 영광이라 한다. 잘한 투우사는 소의 귀를 들고 우아한 폼으로 경기장을 한 바퀴 돌았지만 그 다음에 등장한 투우사는 여러 번에 걸쳐 찔러도 소가 쓰러지지 않자 관중들이 야유를 보내는 것은 물론 급기야 관중석 여기저기에서 방석이 경기장 안으로 날아든다. 방석 세례를 받으며 힘없이 퇴장하는 투우사를 보니 그것도 마음이 짠하다. 폼에 살고 폼에 죽는다는 투우사의 심정은 얼마나 비참했으랴.

2시간 30분 가량 이어진 투우를 보고 나오니 어느덧 9시가 다 된 시간. 알베르게 취침 시간이 밤 10시이니 축제를 더 즐기고 싶어도 그럴 수 없는 처지. 어쩔 수 없이 들어가야 하는 상황을 두고 돌다리는 휴가 나온 군인이 부대로 돌아가는 느낌이란다.

컴컴한 방에 누우니 밖에서는 아직도 축제의 열기로 한창이다. 노래를 부르며 이리저리 몰려다니는 사람들의 소리를 컴컴한 방 안의 딱딱한 침대에 누워 들으려니 그것도 고역이다. 아마 이곳에 누운 다른 이들도 같은 심정이었을 게다.

Travel information

오늘의 여행 정보

오늘 통과한 마을
비아나(9.4km)-로그로뇨

길의 특성

오늘 걸었던 길도 포도밭이 가득하다. 이 길목엔 포도밭은 물론 올리브, 산딸기, 아몬드까지 줄줄이 있으니 배곯을 일은 없다.

알베르게

알베르게 데 페레그리노스
Albergue de Peregrinos.
요금은 3유로. 침대도 깔끔하고 그림과 조각상이 미술 전시관 같은 느낌이다. 화장실과 샤워실은 남녀 구분. 로그로뇨 중심가로 들어가는 다리 건너 오른쪽 초입에 위치. 벽면에는 330이란 번지수가 써 있고, 문 위에는 4780이란 숫자가 쓰여 있다. 알베르게 바로 앞에 경찰서가 있다.

축제

로그로뇨 포도 수확제는 매년 9월 중하순경 열리며, 축제 기간은 열흘가량 이어진다.

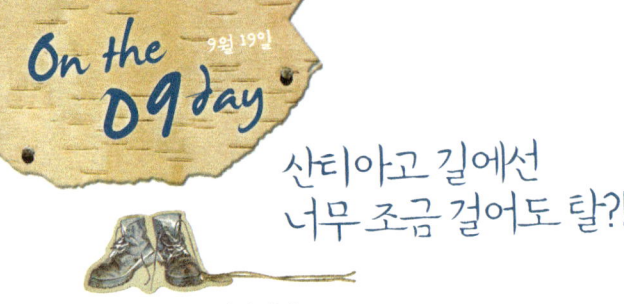

On the 09 day
9월 19일

산티아고 길에선 너무 조금 걸어도 탈?!

로그로뇨 ▸ 나바레테Navarrete 13km

아침에 나오는데 알베르게 주인이 잠깐만 있어 보라더니 책을 한 권 내민다. 한국어로 된 프랑스어 회화 책이다. 이곳에서 한국어 책을 보니 반갑다. 하지만 매일 오랜 길을 걷다 보면 배낭의 무게가 늘 버거웠던 탓에 양말 한 짝이라도 버려두고 오고 싶은 심정인데 스페인어도 아닌 프랑스어 회화 책을 짊어지고 가야 하다니……. 이 길에선 책 한 권의 무게도 만만치 않다. 하지만 아저씨의 성의를 생각해 고맙게 받아들고 다음 알베르게에 두고 왔다.

알베르게를 나서 어제 건너왔던 다리로 나와 보니 이제 막 해가 떠오르는 중이다. 호수처럼 보이는 강가에 불그레한 기운이 퍼지는 모습이 아름답다. 싸늘한 아침 공기를 마시며 마을을 둘러보다 소 서커스 공연을 보기 위해 어제 투우 경기가 있었던 곳으로 다시 갔다. 경기장 앞에서 신문을 나눠 주는데 어제 관중들로부터 야유를 받으며 방석 세례를 받은 투우사가 이곳 신문의 1면 톱뉴스로 장식되어 있었다.

입장료가 무료여선가? 9시도 채 안 됐는데 벌써부터 사람들이 경기장을 가득 메웠다. 소 서커스라, 어떤 모습일지 궁금했다. 그 마음을 안 건가? 우리를 본 스

페인 사람 몇몇이 "아주 재미있다"며 엄지손가락을 치켜든다. 공연은 9시 30분에 시작되었다. 투우와 달리 오늘 나온 소는 작고 날렵해 보인다. 소만큼 날렵해 보이는 네 명의 남자가 온갖 몸짓으로 소를 유혹하고 그 몸짓에 소가 득달같이 달려오면 코앞에서 기계 체조를 하듯 소 등 위를 훌쩍 넘어 버린다. 사람이 움직이면 씩씩대며 뛰어가지만 움직이지 않는 사람은 코앞에 있어도 그냥 지나치는 게 신기하다. 게다가 두 남자가 소 모형을 뒤집어쓰고 걸으니 소가 발을 맞춰 나란히 걸어가는 모습에선 웃음이 터져 나오기까지 했다. 죽음을 넘나드는 서글픈 투우와 달리 웃음으로 보는 서커스를 보니 마음도 한결 가볍다.

1시간이 넘도록 펼쳐지는 공연을 보다, 아쉽지만 다시 길을 나섰다. 조가비를 찾지 못해 길에서 이리저리 헤매니 한 할머니가 "알베르게를 찾느냐"고 묻는다. 산티아고 가는 길이라 하니 길을 알려 준다. 큰 마을에 들어 혹여나 길을 못 찾으면 이렇듯 사람들이 먼저 말을 걸며 도와주려 하고 사람들에게 물어보면 방향을 알려 주니 길 잃을 염려는 거의 없다.

우리가 묵었던 알베르게를 지나 마을 안쪽으로 조금 더 가면 성당이 있는데 이곳에도 알베르게가 있다. 성당을 지나니 길바닥에 큼지막한 조가비 표시가 있다. 몽글몽글한 자갈길에 표시된 조가비 모양이 아주 독특하다.

로그로뇨 시내를 벗어나 한 시간 쯤 걸으니 저수지가 보인다. 저수지에 들어서기 직전에 물 먹는 곳이 있다. 저수지 앞에서 손녀딸과 산책 나온 할아버지를 만났다. 그 모습이 보기 좋아 돌다리가 사진을 찍어도 좋겠냐니 이 할아버지, 손녀딸의 엉덩이를 살짝 까 보인다. 장난기 많은 할아버지다. 그래도 그렇지. 어딜 숙녀의 엉덩이를 외간 남자에게 보여 준단 말인가.

저수지를 지나자마자 왼쪽으로 소나무 밭이 펼쳐져 있다. 우리나라의 동해안 해수욕장 앞에 펼쳐져 있는 소나무 숲 같은 분위기다. 그 사이로 산티아고 가

　는 길을 알리는 노란 화살표가 주르륵 있다. 솔밭길 끝자락엔 예쁜 카페테리아도 있다. 이곳엔 화장실이 무려 8개. 늘 몇 안 되는 화장실을 갖춘 알베르게만 대하다 보니 화장실 많은 것만 봐도 안심이 된다.

　오는 동안 다시 펼쳐진 포도밭에서 조막만 한 포도를 따서 한 알 한 알 먹다 보니 고속도로와 나란히 연결된 길이 나온다. 차도와의 사이에 길게 펼쳐진 철조망엔 저마다 나뭇가지로 만들어 꽂아 둔 십자가로 가득하다. 왼쪽 언덕엔 큼지막한 소 모양 간판이 우뚝 서 있다. 먼 하늘을 바라보는 소의 모습을 보니 투우장에 씩씩대며 뛰쳐나와 용감하게 싸우다, 결국 죽어서 질질 끌려가는 소의 모습과 겹쳐져 가슴이 찡하다.

　오늘의 목적지는 나바레테. 로그로뇨에서 점심 즈음 출발해 13km를 걸었고 다음 마을은 6km를 더 가야 하니 이쯤에서 쉬는 게 적당할 것 같았다. 마을 입구에 있는 알베르게에 들어가니 할아버지가 반갑게 맞는다. 눈빛이 강렬하면서도 유머가 풍부한 할아버지의 성함은 호세. 아주 친절하고 재미있는 분이다. 우리 외에 한국 여인 두 명이 이곳에 있다며 어느 방에서 묵는지 일일이 알려 준다. 순례자 증명서를 내미니 도장을 찍다 말고 검지와 중지로 걷는 흉내를 내면서 조금 걷고 잠자는 흉내, 조금 걷고 잠자는 흉내를 낸다. 우리더러 조금씩 걸었다고 놀리는 거였다. 축제 때문에 그렇게 된 거라 설명하고 싶어도 말이 통해야지. 말이 안 통하니 우리는 이곳에서 너무나 게으른 순례자가 되어 버렸다.

우리 뒤에 영국 할머니 두 분이 문 밖에서 기다리고 있는데 그 뒤로 한 무더기의 사람들이 와서 도장을 찍어 주는 책상 앞에 배낭을 줄줄이 놓으니 먼저 오신 할머니들은 가방 줄에 의해 졸지에 뒤로 밀려났다. 그러자 호세 할아버지가 입을 삐죽 내밀며 "저런 사람은 대부분 프랑스 사람"이란다. 그런 할아버지 눈에 두 분의 할머니보다 배낭이 먼저일 리는 없었다.

여장을 풀고 동네를 돌아보는데 성당 앞에 사람들이 웅성웅성 모여 있다. 성당 안에서 장례식을 치르고 운구하는 행렬이었다. 사람들이 가져온 꽃을 차에 싣고 관을 맨 사람들이 차 뒤를 따르고 그곳에 모인 사람들이 줄줄이 따라 걸어가는 모습이다.

이 마을은 성당을 주변으로 한 윗동네는 오래된 느낌이고, 아랫동네는 신시가지 분위기가 난다. 아랫동네로 내려가니 많은 아이들이 몰려 나와 함께 뒹굴며 놀고 있다. 우리나라 아이들은 학교에 갔다 오면 컴퓨터 앞에 앉아 있거나 학원에 가기 바빠 거리에서는 좀체 볼 수가 없는데 이곳은 어딜 가나 동네 아이들이 이렇게 어울려 노는 모습이다.

동네를 둘러본 후 저녁 무렵, 알베르게 옆에 있는 식당에서 저녁을 먹고 있는데 호세 할아버지가 저만치서 뛰어오신다. 나를 한참 찾으셨단다. 할아버지 옆엔 한 한국 여인이 있었다. 스페인어와 간간이 섞여 나오는 영어 단어를 통해 할아버지의 말을 종합해 보니 한국 여인이 감기에 걸려 병원에 가서 처방전을 받아 왔으

니 처방전을 가지고 약국에 가서 약사에게 영어로 설명해 달라는 거였다. 나도 잘하는 영어는 아니지만 어느 정도 의사소통은 할 수 있으니 그 한국 여성과 둘이 가도 된다는데도 할아버지는 굳이 약국까지 우리를 안내한다. 처방전을 통해 내 준 약을 받아들고 언제 어떻게 먹으라는 약사의 말을 전하니 그제야 할아버지의 얼굴이 환해지며 내게 연신 "그라시아스 - 고맙다는 스페인어 - "라 하신다.

'고맙긴요. 저희가 더 고맙죠.'

자신의 일에 엄청 투철하신 호세 할아버지는 어떻게든 순례자들에게 도움을 주고 싶어하시는 고마운 분이셨다.

Travel information

오늘의 여행 정보

오늘 통과한 마을
로그로뇨-(13km)-나바레테

길의 특성
로그로뇨 시내를 벗어나면서부터는 잔디밭 공원, 저수지, 솔밭길(솔밭길 끝자락엔 예쁜 카페테리아도 있다), 포도밭길, 도로와 나란히 뻗어 있는 평지길 등이 다양하게 펼쳐져 있다.

알베르게

ALBERGUE MUNICIPAL
요금은 3유로. 1층은 주방, 2층, 3층이 숙소, 3층은 다락방 형태로 침대가 단층이다. 화장실이 층마다 하나씩 있고 2층 방마다 두 개씩 따로 있다. 2층은 방마다 샤워실이 있는데 남녀 공용이다. 이 알베르게 외에 사설 알베르게(CANTARO)가 또 있는데 알베르게 성격을 띤 오스탈(우리식으로 치면 모텔) 같은 곳으로 1인용 침대가 10유로, 더블룸은 40유로로 좀 비싸다. 신용카드도 받는다고 되어 있다.

식사

공용 알베르게 앞 아치문을 지나자마자 자그마한 돌 마당이 있는데 그곳에 식당이 있다. 순례자 저녁 메뉴는 8.50유로. 피자나 접시에 조금씩 담아 파는 타파스 요리도 판다. 이 광장 앞에 성당이 있다.

On the 10 day

9월 20일

저마다의 사연을 풀어 놓고……
저마다의 마음을 받아 주는 이곳

나바레테  시루에냐 Cirueña **31km**

어젯밤은 코고는 소리가 유독 심해 잠을 설쳤다. 알베르게마다 한 방에서 여러 명이 자다 보니 가는 곳마다 코고는 사람들이 한두 명씩은 꼭 있다. 예민한 사람들은 귀마개가 필요한 듯 싶다. 7시 40분 출발. 오전 8시까지는 알베르게를 비워 줘야 한다. 아침에 나오는데 호세 할아버지가 나와 일일이 포옹을 해 주며 무탈하게 잘 가라고 배웅을 해 준다. 참 정 많은 할아버지다.

나바라테 마을을 벗어나니 한동안 차도 옆으로 길게 뻗은 평지길이 이어진다. 길옆으로 펼쳐진 들판은 온통 황톳빛이다. 하늘은 새파란 게 아주 투명하다. 길가의 무성한 나뭇가지에서 새소리가 경쾌하게 울린다. 아침에 걷는 길은 언제나 상쾌하다.

걷다 보면 군데군데 돌멩이를 쌓아 놓은 곳도 있다. 철조망에 나뭇가지를 엮어 십자가를 꽂아 놓았고 꽃까지 걸어 놓았다. 우리도 이 걸음을 무사히 마칠 수 있도록 기원하며 돌멩이를 얹어 놓고 나뭇가지로 십자가를 만들어 꽂아 놓았다. 수많은 사람들의 발길을 받아들인 이 길. 많은 이들이 저마다 자신만의 사연을 풀어 놓기 위해 들어선 이 길. 그들의 마음을 고스란히 받아들이는 푸근한 길이다.

오늘은 차도를 따라가는 평지인 듯 싶다가도 오솔 숲길도 나오고 포도밭 언덕길도 나온다. 포도밭 언덕길 위에서 내려다보면 죽죽 뻗은 좁은 포도밭 사잇길이 포마드를 발라 굵은 빗으로 정갈하게 빗어 넘긴 남정네의 머리 같다. 이 길에서 손수레를 끌고 다니시는 프랑스 할아버지를 다시 만났다. 우리를 본 할아버지는 발레리나가 춤을 춘 후 마지막에 인사를 하듯 한쪽 다리를 뒤로 구부리고 양팔을 벌린 모습으로 우아하게 인사를 해 보인다. 어제 길 위에서 먹고 힘내라며 우리에게 빵을 건네주던 프랑스 청년도 다시 마주쳤다. 서로 만났다 헤어지고 만났다 헤어지는 사람들. 서로 앞서거니 뒤서거니 하다 다시 마주치면 반갑기 그지없다. 먼저 앞선 사람이 뒤처지기도 하고 뒤처졌던 사람이 앞서기도 하는 이 길. 살아가면서 잘나가던 사람이 멈칫하기도 하고 멈칫했던 사람이 잘나가기도 하는 인생길과 비슷하다.

오늘은 낮 더위가 유난해서인지 대부분의 사람들이 지쳐 보인다. 젊은이도 지팡이에 의존해 천천히 걷고, 한 여인은 거의 달팽이 걸음이다. 내 발걸음도 다른 때보다 더디기만 하다. 그중 강아지를 한 마리 끌고 가던 덩치 큰 할아버지는 덩치에 비해 유난히 작은 배낭－초등학생 책가방 수준이다－을 맨 것도 재미있지만 배낭이 활짝 열린 줄도 모르고 걸어간다. 열린 배낭 안을 들여다보니, 큰 와인병과 팬티 한 장 달랑 들어 있는 모습에 얼마나 웃었는지 모른다.

그렇게 천천히 걷고 있던 중 길 위에서 사람들이 모여 웅성대는 모습이 보인다. 그들 사이로 아주머니 한 분이 바닥에 주저앉아 있다. 평지이긴 하지만 잔돌이 섞인 길－이런 길은 미끄럽다－에서 넘어진 모양이다. 너도나도 아주머니를 치료해 주고 염려해 주느라 여념이 없다. 그러니 혼자 걷는다 해도 동료가 많은 든든한 길이다.

나바레테에서 16km쯤 오니 나헤라Najera 마을. 제법 큰 마을이다. 마을 초입에 자리한 학교에선 쉬는 시간인지 운동장에 나와 있던 아이들이 다들 우리만 쳐다본다. 마을 안에 있는 바에 들어가 손바닥만한 돼지고기를 팬에 지져 주는 살코기 네 접시, 감자 팬케이크 2개, 커피 3잔을 시켰는데 10유로 정도다. 1만 3000원으로 점심 식사가 그런대로 푸짐했다. 이 마을을 지나면서는 장작불에 피망을 굽는 모습을 여러 번 보았다. 이렇게 구운 피망은 고기를 먹을 때 늘 곁들여 나오는 음식으로, 느끼한 음식을 먹을 때 아주 좋다.

나헤라에서 6km쯤 더 가면 나오는 아조프라Azofra는 작지만 예쁜 마을이다. 마을 안에 제법 근사한 호텔도 있고 거리도 깔끔했다. 마을을 둘러보며 천천히 걷다 보니 한 집의 문이 활짝 열려 있다. 문 안으로 보이는 거실 바닥이 몽글몽글한 돌멩이로 깔려 있는 것이 아주 독특했다. 거실이 온통 지압 발판인 셈이다. 문 앞에서 기웃거리니 거실에 있던 사람들 중 한 아주머니가 "집이 예쁘다"며 구경하란다. 비디오를 찍어도 되겠냐며 들어 보이니 그러라고 하긴 했지만 사진을 찍는 줄 알고 다들 차려 자세로 꼼짝도 않는다. 사실 오늘은 이 마을에서 머무르려 했는데 이제 오후 2시가 조금 넘은 시각이라 내친 김에 좀 더 가 보기로 했다.

아조프라 다음 마을인 시리뉴에라Ciriñuela로 가는 9km 구간은 나무 그늘도 거의 없고 땡볕 아래 들판길의 연속이다. 지루하기도 하고 물도 떨어져 몸이 먼저 지쳤다. 아스라한 언덕 끝에 자리한 마을 입구에 들어서야 비로소 물을 먹을 수 있는 수도가 있었다. 이곳에 들어서니 골프장도 보이고 새집을 짓는 바람이 불었는지 똑같은 형태의 집들을 나란히 짓느라 여기저기 뚝딱거리는 소리가 들린다.

서로 만났다 헤어지고 만났다 헤어지는 사람들. 서로 앞서거니 뒤서거니 하다 다시 마주치면 반갑기 그지없다. 먼저 앞선 사람이 뒤쳐지기도 하고 뒤쳐졌던 사람이 앞서기도 하는 이 길. 살아가면서 잘나가던 사람이 멈칫하기도 하고 멈칫했던 사람이 잘나가기도 하는 인생길과 비슷하다.

그곳을 지나 몇 걸음 더 가니 이젠 오래되어 낡은 집들 투성이다. 개중에는 빈 집들도 많았다.

거리상으로 보면 분명 시리뉴에라 마을에 들어선 것 같은데 알베르게가 도통 보이질 않는다. 우리가 갖고 있는 표 – 순례자들을 위해 마을 간의 거리, 알베르게나 식당 유무 등을 정리한 표 – 에 의하면 분명 알베르게가 있다고 되어 있는데, 한참을 헤매도 알베르게는 없었다. 다음 날 아침에야 그 의문이 풀렸다. 원래 우리가 가려했던 마을은 '시리뉴에라'인데 우리가 들어선 곳은 '시루에냐'. 시루에냐에서 600m~700m가량 더 가야 시리뉴에라 마을이 나오는데 하필이면 이름도 비슷해서 착각한 것이다. 힘들게 이곳까지 왔는데 알베르게가 없다니……. 좀 황당했다. 그냥 앞 마을에서 묵을 걸 하는 후회도 들었다.

마을 안에 있는 바bar 쟈코베오Jacobeo에 들어가 물어보니 옆에 숙박 업소가 하나 있단다. 아담한 광장 한끝에 자리한 곳으로 문 위에 '8'이란 숫자와 손바닥만한 가리비 표시가 붙어 있는 곳이다. 다락방처럼 아늑한 분위기에 침실도 예쁘다. 숙박료는 1인당 20유로, 내처 갈까 하다 오후 5시가 넘은 데다 그 다음 마을까지는 0.6km나 된다. 그곳에 도착하면 더 늦은 시간이라 혹시

나 알베르게가 꽉 찼을지도 모를 일이고 마침 오늘은 우리의 결혼 기념일이기도 해서 이곳에서 머물기로 했다.

    우리밖에 없는 숙소에서 빨래도 샤워도 마음껏 하고 나오니 관광객이라곤 우리가 전부다. 마을엔 사람도 거의 보이지 않는다. 듬성듬성 빈집을 보니 이곳 사람들도 대부분 마을을 떠나고 몇 사람 안 남은 듯했다. 마을에서 유일한 바 쟈코베오Jacobeo에 들어가니 우리 말고 마을 사람인 듯 보이는 두 명만 있을 뿐이다. 이곳에서 딱딱한 바케트와 맥주 한 잔씩을 시켜 놓고 결혼 기념일을 자축하고 나오니 한적한 시골 동네 안에 곱게 물든 노을이 너무나 예뻤다. 이보다 더 좋은 기념이 있을까? 어쩜 우리 기념일에 맞춰 칙칙한 알베르게 대신 이렇게 예쁜 숙소와 멋진 풍경이 기다리고 있었을까? 생각해 보니 그것도 신기하다.

Travel information

오늘의 여행 정보

오늘 통과한 마을
나바레테-(6km)-벤토사-(10km)-나헤라-(5.8km)-아조프라-(9.3km)-시루에냐

길의 특성
차도를 따라가는 평지길과 오솔 숲길, 완만한 포도밭 언덕길이 이어진다. 아조프라에서 시루에냐까지 약 9km 구간은 나무가 거의 없는 허허벌판길로 다소 지루한데다 물 먹는 곳이 없으므로 물을 충분히 준비하거나 가급적 아조프라 마을에서 묵은 후, 아침에 다시 걷는 것이 좋다.

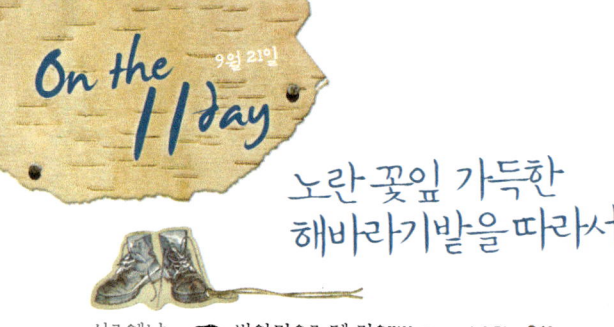

On the 11 day
9월 21일

노란 꽃잎 가득한
해바라기밭을 따라서

시루에냐 🐾 비야마요르 델 리오 Villamayor del Rio **24km**

알베르게가 아닌 모텔에서 묵으니 화장실이고 욕실이고 마음대로 사용할 수 있어 좋았다. 아침 6시 30분 출발. 서머타임이라 우리나라로 치면 새벽 5시 30분인지라 컴컴하다. 마을을 벗어나니 가로등이 전혀 없어 길 표시를 찾는 데 애를 먹었다. 이럴 때를 대비해 랜턴이 필요하다. 이른 아침 날이 제법 쌀쌀하다. 하지만 이른 아침부터 걸음을 시작하면 하루 걸음에 여유가 있어 좋다. 한 시간 남짓 걷다 보니 어슴푸레하게 여명이 비치면서 길이 보이기 시작한다. 저 멀리 길 끝 마을의 노르스름한 불빛이 크리스마스 장식처럼 예쁘다. 어둠 속에서 세상이 깨어나는 모습을 고스란히 보는 느낌이 좋다. 이른 아침에 누리는 행복이다. 어느 곳을 봐도 지평선이 펼쳐지는 넓은 들판. 간간이 새소리만 들리고 발자국 소리만 들리는 이 벌판. 이 넓고 싱그러운 들판을 마음 속에 다 담으니 가슴이 뿌듯하다.

들판길을 지나 도착한 곳은 산토 도밍고 데 라 칼자다 Santo Domingo de la Calzada. 기적을 가져다 준 닭에 얽힌 전설로 유명한 곳이다. 수백 년 동안 내려오는 전설은 이렇다.

14세기 무렵 한 독일인 청년이 부모와 함께 순례자의 길을 걷던 중 이 마을에 묵게 되었다. 그런데 여관 주인의 딸이 청년에게 반해 사랑을 고백했지만 청년은 여인의 마음을 단호하게 거절했다. 마음이 상한 여인은 청년에게 앙심을 품고 성당의 금잔을 훔쳐 청년의 짐 꾸러미에 몰래 넣었다. 그것이 발각되어 청년은 억울한 누명을 쓴 채 교수형에 처해졌다. 청년의 부모는 청천벽력 같은 사실에 참담했지만 간절히 기도하는 마음으로 산티아고 순례를 마치고 이 마을에 다시 돌아왔다. 그때 교수대에 매달린 아들이 아직 살아 있는 것을 목격했다. 이는 아들이 무죄임을 알리는 징표라 생각하여 마을 재판관에게 찾아가 아들이 살아 있다는 것을 애기하자, 이제 막 식사를 하려던 재판관은 식탁 앞에 놓인 닭 두 마리를 가리키며 빈정대는 말투로 "당신 아들이 아직 살아 있다면 여기에 놓인 닭도 살아 있어야지." 라며 "닭이 살아 있다면 당신 아들이 무죄라는 걸 내 인정하지."라고 말했다. 그리고 나서 그가 포크로 닭고기를 찍어 먹으려는 순간, 식탁에 요리되어 있던 닭이 갑자기 퍼덕거리며 살아 움직였다. 이후 '기적의 닭'이라 하여 수백 년에 걸쳐 지금까지 이 마을 대성당 안엔 전설을 잇는 닭 두 마리가 고이 모셔져 있어, 순례자들이라면 꼭 거쳐 가는 필수 코스가 되었다.

마을 입구에 들어서니 관광 안내소가 있다. 이곳에서 순례자 증명서에 도장을 받기도 하고 마을 안내 지도를 얻을 수도 있다. 마을이 제법 크고 번듯한 건물도 많다. 안으로 들어서니 작은 성당 옆에 알베르게가 있고 그곳을 지나 두 번째 알베르게가 있다. 이 알베르게 옆엔 자판기들이 왜 이리 많은지. 음료, 커피, 과자, 샌드위치는 물론 아이스크림 자판기까지 즐비하다.

닭이 있다는 대성당에 들어가려니 문이 굳게 닫혀 있다. 시간은 이제 8시 40분. 성당 문이 9시 30분에 열리니 50분은 더 기다려야 한다. 등교하는 아이들이 줄줄이 성당 앞을 지나간다. 왕복 2차선도 안 되는 한적한 도로에서 여자 경찰이 나와 일일이 사람들이 건너는 것을 도와주는 모습이 이색적이다. 어른이든 아이든 길을 안내해 주는 경찰과 서로 웃으며 인사를 나누는 모습이 참 보기 좋다.

잠시 마을을 둘러보니 닭에 얽힌 전설 때문인지 마을 곳곳에 닭 그림이 그려져 있다. 골목마다 물청소 차가 거리를 훑고 지나가 길바닥이 아주 말끔하다. 이곳뿐 아니라 다른 마을에서도 이렇듯 수시로 물청소를 하는 터에 거리가 대체로 깨끗하다.

9시 30분이 다 되어서야 성당 직원인 듯 보이는 여인이 나타나 입장료 – 입구에 3유로라 되어 있는데 순례자라서 그런가? 2유로를 받는다 – 를 받으며 한 사람씩 들여보낸다. 성당의 전체적인 느낌은 여느 곳과 크게 다르지 않지만 벽면을 따라 부조 형태의 조각상과 성화가 빈틈없이 채워져 볼거리가 가득하다. 예수 탄생에서부터 십자가에 못 박힐 때까지의 과정이 순서대로 장식되어 있

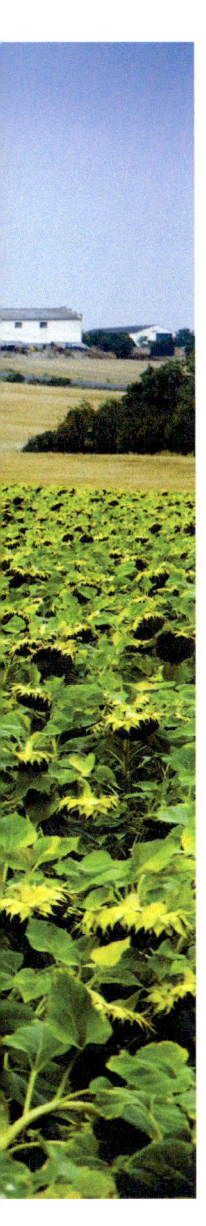

는가 하면 벽면마다 장식된 성화의 눈빛도 아주 강렬한 것이 살아 있는 눈빛 같다. 특이한 그림도 많고 전시품들도 많았다.

　침침한 성당 안 좁은 공간에 두 마리의 닭이 있다. 이곳에서 닭의 울음소리를 들으면 행운이 따른다는데, 그 밑에 한참을 서 있어도 '꼬끼오' 소리는커녕 움직임도 없다. 많은 사람들이 이 닭을 보러 오지만 정작 전설에 얽힌 이유로 하루 종일 갇혀 있는 닭은 무슨 고생일까. 사람들의 볼거리를 위해 닭을 고문하는 건 아닌지. 그럼에도 나 역시 그 닭을 봐야만 뭔가 본 것 같은 마음이 드는 건 또 뭐람.

　성당을 둘러보고 마을을 벗어나니 또다시 넓은 들판길이다. 들판 사이로는 여전히 곱게 딴 여인네의 머리 가르마처럼 좁고 긴 길이 이어진다. 6.5km 가량을 걸어 그라뇬grañon 마을에 들어서니 눈길 닿는 곳마다 온통 해바라기밭이다. 이곳은 다른 곳과 달리 노란 꽃잎이 살아 있어 제법 해바라기 맛을 볼 수 있었다. 9월 하순에 접어든 지금은 대체로 시커먼 씨앗만 보이지만 한 여름엔 온통 노란 빛으로 물든 모습일 게다. 해바라기 사이로 군데군데 주홍빛 양귀비꽃이 피어 있다.

색깔도 곱고 바람에 살랑살랑 흔들리는 모습이 아름다운 여인의 유혹의 손길 같다. 박완서 씨의 단편 소설 속에서도 양귀비를 놓고 '꽃이 어찌나 요상하게 화냥년처럼 피는지…….'라 표현한 문구가 생각난다. 사람이나 꽃이나 화려하고 예쁠수록 치명적인 독을 품고 있는 걸까?

이 예쁜 꽃이 지고 나면 맺히는 열매의 진이 곧 아편이라니. 그래서 양귀비를 두고 '악마의 꽃'이라 부르는 걸까?

해바라기 마을을 지나면 부르고스 지방에 들어서서 첫 번째 마을인 레데시야 델 카미노Redecilla del Camino다. 스페인 중북부 지역인 부르고스에서 레온까지 200km 가량은 마을을 제외하곤 마땅히 쉬어 갈 만한 나무 그늘이 거의 없는 황량한 벌판길의 연속으로 많은 순례자들이 난코스로 여기는 구간이다.

마을 입구에 접어드니 베레모에 자전거를 타고 온 할아버지가 감자밭에서 감자 몇 알을 집어 들고 알베르게에서 요리해 먹으라고 건네준다. 마을 안에 들어설 때까지 우리와 동행한 할아버지는 성당 구경까지 시켜 주셨다. 여기까진 좋았다. 오후 1시도 안 됐건만 이 마을이 좋다며 자꾸만 이곳에서 묵으라고 하신다. 마을이 크고 볼 것도 많은 곳이라면 천천히 쉬어 가며 구경이라도 하겠지만 이 작은 마을은 둘러볼 것도 없다. 좀 더 걸을 거라는 몸짓을 해 보여도 할아버지는 마을 안에 있는 알베르게에 들어가라며 팔을 잡아끈다. 들어서길 꺼려하자 할아버지 얼굴에 섭섭함이 드러나는 것 같더니만 이내 얼굴이 일그러진다. 그래서 슬금슬금 할아버지를 피해 인사를 건네고 거의 도망치다시피 잰걸음을 옮겼다. 친절도 지나치면 부담스럽다. 잠은 안 자더라도 때가 되었으니 알베르게에서 간단하게나마 점심이라도 먹으려 했는데…….

땡볕에 타박타박 걷다 보니 뱃속에서 뭐라도 넣어 달라고 아우성이다. 그렇게 2km쯤을 더 가니 카스틸델가도Castildelgado라는 마을이다. 집도 몇 채 없고 사람도 보이질 않는 것이 폐허가 된 듯하다. 이곳에서도 점심을 먹긴 틀렸다 싶었는데 다행히 도로변 휴게소에 식당이 있다.

늦은 점심을 먹고 30분 남짓 걸어 들어선 마을은 먼저처럼 폐허 같은 느낌이다. 분위기가 도무지 사람 사는 마을 같지가 않아 보였다. 그 뒤로 한참을 걸어도 사방 천지에 사람도 집도 하나 없이 온통 밀밭 지평선만 보인다. 들판 멀리 고속도로에는 차들만 씽씽 달린다. 광활한 길에 가슴이 확 트인다. 날씨는 어찌 이리 변덕스러운 건지, 점심 먹을 즈음만 해도 땡볕이더니 어느새 하늘에 먹구름이 그득하다. 그래도 다행이다. 햇볕이 쨍쨍 내리쬐면 그야말로 그늘 하나 없는 벌판에서 고통스러웠을 게다. 먹구름이 잔뜩 낀 것까진 좋은데 하늘 한 귀퉁이에서 우르릉 쾅쾅 천둥소리가 들린다. 비가 올까 조마조마하긴 했지만 그 느낌이 좋았다.

걷다 보니 주변엔 우리 외에 아무도 없다. 길도 점점 이상해진다. 길을 잘못 들어 야트막한 산등성이로 올라온 게다. 아무것도 없는 벌판 하늘에선 천둥 번개가 여기저기서 번쩍인다. 번개가 치면 허허벌판이 더 위험하다던데……. 순간 '일났다' 싶어 길도 없는 들판에서 악센 풀들에 찔리는 것도 아랑곳하지 않고 무조건 차도 쪽으로 허겁지겁 내려오니 차도 옆에 걷는 길이 나란히 뻗어 있다. 가리비 표시도 눈에 띈다. 가리비 표시가 이렇게 반가웠던 적도 없다. 차도와 나란히 뻗어 있는 길을 걷다 보니 지나가는 트럭이 클랙슨을 울리며 손을 흔들어 준다. 그 소리를 들으니 그나마 마음이 뿌듯해지며 힘이 난다.

조가비나 화살표가 가리키는 대로 따라가기만 하는 이 길. 가끔은 그 자체가 지루하고 따분해 벗어나고도 싶었는데, 한동안 화살표 없는 길에서 헤매다 보니 괜히 불안해져 화살표를 찾느라 애를 쓰는 모습이라니. 우리네 사는 인생길과 비슷하지 싶다. 주어진 길로만 가다 보면 일탈하고 싶고 일탈하다 보면 다시 제자리로 돌아가고 싶은…….

아직 해질 무렵은 아니건만 시커먼 먹구름으로 인해 날이 컴컴하다. 간간히 비도 흩뿌린다. 차도 길을 따라 한 시간 가량 더 걸어서야 비야마요르 델 리오 Villamayor del Rio 마을에 들어섰다. 마을이라고 하기엔 좀 뭣하다. 집도 별로 없고 도로변에 바인 듯 보이는 건물만 있고 알베르게는 벌판에 덜렁 놓여 있었다. 썰렁해 보였지만 안에 들어서니 제법 넓은 마당에 잔디가 깔려 있어 아늑한 느낌이다. 한 방에 2층 침대가 네 개씩 놓인 방이 5, 6개 가량 있는데 우리가 배정 받은 방엔 우리 세 사람뿐이니 독채나 다름없었다.

알베르게에서 해 주는 저녁을 먹고 몸이 으슬으슬하여 알베르게에 들어서기 전에 보아 둔 바가 있어 맥주라도 한잔 마시러 들어갔는데 어째 분위기가 이상하다. 컴컴한 실내에 남자들 몇이 앉아 있는데 다들 내게 시선이 꽂힌다. 자리에 앉으려니 주인 아주머니가 "여자는 들어올 수 없다"며 내보낸다. 남자들만 받는 바라고 한다. 다시 알베르게에 들어가 물어보니 알베르게에서도 맥주를 – 한 캔에 1유로 – 팔기에 한잔 주욱~ 들이키고 잠자리에 누웠다.

Travel information

오늘의 여행 정보

오늘 통과한 마을

시루에나-(5.9km)-산토 도밍고 데 라 칼자다-(6.5km)-그라뇬-(3.8km)-레데시야 델 카미노-(2km)-카스틸델가도-(2.4km)-비로리아 데 리오자-(3.5km)-비야마요르 델 리오

길의 특성

시루에나에서부터는 포도밭이 사라지고 넓은 밀밭길이다. 산토 도밍고 데 라 칼자다를 지나 그라뇬 마을 즈음에서는 넓은 해바라기밭이 펼쳐지고 이어 완만한 구릉길과 평지길의 연속이다.

알베르게

비야마요르 델 리오에서 묵은 알베르게는 들판에 알베르게만 덜렁 있다. 숙박료는 7유로, 화장실과 샤워실은 남녀 구분됨. 더운물도 잘 나온다. 주변에 레스토랑이나 가게가 없고 주방 시설을 이용할 수 없으므로 알베르게에서 해 주는 음식으로 저녁 식사(요금은 6유로, 예약은 오후 6시 전까지)를 한다.

산토 도밍고 데 라 칼자다 카테드랄
(전설의 닭을 볼 수 있는 대성당)

오픈 시간은 오전 9시 30분~오후 1시 30분, 오후 4시~6시 30분. 입장료는 어른 3유로, 65세 이상은 2유로. 성당 내부에 들어서면 사진이나 비디오 촬영은 일절 금지. 이곳은 가급적 오후 2시~3시 경에 도착해서 4시 이후에 성당을 둘러본 후 천천히 마을을 돌아보고 하루를 마감하는 것이 좋다.

On the 12 day
9월 22일

신발을 벗어 놓고 가는 이의 마음도 짠했으리라

비야마요르 델 리오  산 후안 데 오르테가 San Juan de Ortega 28.7km

6시 50분 출발. 여전히 컴컴했다. 알베르게에서 돌아 나와 차도 옆으로 나란히 뻗어 있는 흙길을 걸었다. 간간히 지나는 차량의 헤드라이트가 비치면 길이 보였다가, 차가 지나가면 오히려 길이 더 안 보이는 상황이 반복되었다. 하지만 넓은 비포장 도로라 걷는 데는 별 지장이 없었다. 40분 정도 걸어서야 어슴푸레하게 길이 보이기 시작했다. 오른쪽은 차도, 왼쪽은 넓은 들판이다.

오늘 아침은 안개가 가득하다. 안개 속에 스민 물방울이 얼굴을 촉촉하게 적셔 놓는다. 차도나 들판 모두 안개에 아스라이 싸인 모습이 그야말로 영화 〈안개 속의 풍경〉에 나오는 한 장면 같다. 그 길을 따라 4.7km를 가니 벨로라도 마을이다. 이 마을엔 알베르게가 3개나 있다.

초입에 있는 알베르게에서 빵과 커피로 아침 식사(5유로)를 했다. 식당도 넓고 안에 바가 있어 와인이나 맥주, 간단한 스낵류를 먹을 수 있다. 이곳에서 500미터쯤 더 들어가니 본격적으로 마을이 보인다. 마을 안에 레스토랑, 호텔도 있고 제법 큰 슈퍼마켓도 있다. 마을 안에 자리한 성당의 종탑 꼭대기에는 엄청난 크기의 새 둥지가 달려 있다. 둥지도 크지만 그 안에 사는 새도 엄청 크다. 독수리 같은 새들

이 삐죽삐죽 머리를 내밀고 있는 모습이 재미있다. 성당 앞에는 알베르게 홍보 간판이 있는데 사진을 보니 수영장도 있고 인터넷, 세탁기도 있다고 세세하게 적혀 있다.

벨로라도 마을을 지나 도로 옆으로 난 길을 따라 걷는데 촉촉한 가랑비가 내리기 시작한다. 가랑비가 내렸다 멈췄다를 반복하니 우비를 입었다 벗었다 하는 것도 일이다.

토산토스Tosantos 마을을 지나 들어선 에스피노사 델 카미노Espinosa del Camino는 집이 몇 채 안 되는 아주 작은 마을이다. 하늘색 간판에 노란 글자가 쓰인 간판이 예쁜 알베르게 문 앞에 달린 조막만한 종도 귀엽고, 작은 꽃이 조르륵 심어져 있는 모습도 곱다. 알베르게 앞에 물을 먹는 수도가 있는데 철철 흐르는 수돗물을 받아 놓은, 길고 좁은 직사각형 도랑에 팔뚝만한 고기들이 유유히 헤엄치는 모습이 이색적이다. 촉촉한 비가 내리는 한적한 마을이 무척이나 서정적인 풍경이다.

그 풍경을 음미하며 천천히 걷다 보니 비야프랑카 몬테스 오카Villafranca Montes Oca 마을이다. 마을 입구에 있는 메손 - 우리의 선술집 같은 곳 - 에서 역시나 빵과 커피로 점심을 먹었다. 이곳에서 다음 마을인 산 후안데 오르테가San Juan de Ortega까지는 무려 12km. 중간에 마땅히 쉬어갈 만한 곳도, 물을 먹을 곳도 없는 산길의 연속이기 때문에 먹을거리나 물을 여유 있게 챙겨 가는 것이 좋다.

메손에서 점심을 먹고 나오는 순간 쌀쌀해서 점퍼를 꺼내 입었는데 언덕길을 1km 가량 오르니 금세 등에 땀이 밴다. 오르막 언덕길엔 소나무 숲도 펼쳐지고 지천에 야생화도 피어 있다. 하지만 오솔 숲길은 여전히 안개로 가득 싸여 30m 전방은 그야말로 오리무중이다. 이 언덕길을 오르면 왼쪽으로 2000m급 산이 7개나 줄줄이 있다는데 안개 때문에 전혀 보이질 않는다.

이 12km 코스도 비교적 난코스다. 가파른 산 오르막길이 두 군데 있고 은근한 오르막길도 제법 많다. 그나마 날이 흐려서 다행이지. 맑은 날엔 땡볕에 더 힘들 것 같다. 때문에 가능하다면 비야프란카 몬테스 오카 마을에서 묵은 후 다음 날 아침 일찍 출발해 한낮의 더위를 피하는 것도 요령일 듯 싶다.

이 길목에 누군가가 밑창이 다 떨어진 신발을 벗어 놓고 갔다. 신발을 벗어 놓고 가는 사람의 마음도 짠했으리라. 오랜 길을 함께 걸었던 신발을 두고 가자니 안타깝고, 들고 가자니 버거웠을 터.

산길 넘어넘어 도착한 산 후안 데 오르테가 마을엔 성당과 알베르게만 달랑 있다. 그러니까 마을이라 이름 붙이기에도 좀 뭐하다. 수도원을 개조해 만든 알베르게 내부에 들어서니 수용소 같은 느낌이었다. 오후 5시가 조금 넘은 시각. 침대는 거의 다 찬 상태로 띄엄띄엄 2층 침대만 몇 개 남아 있었다. 게다가 2층 침대 높이가 여느 곳에 비해 훨씬 높고 좁아 오르내리기도 불편했다. 자리도 마땅치 않고 사람들로 바글바글하니 마음이 심란하다.

그나마 괜찮은 자리가 없나 두리번거리는데 낯익은 얼굴이 눈에 띈다. 산티아고 길의 첫 인연이었던 이네스다. 우리를 발견한 이네스의 눈도 동그래진다. 너무 반가워 서로 끌어안고 팔짝팔짝 뛰기까지 했다. 그동안 혼자 어떻게 걷고 있을까 생각도 많이 났는데 여전히 건강하고 씩씩한 모습이다.

　이네스뿐만 아니라 반가운 얼굴들이 또 있었다. 소설을 구상하기 위해 이 길을 걷는다던 핸섬한 스위스 남자도, 며칠 전 우리에게 빵을 건네주던 웃음이 해맑은 프랑스 청년도 이곳에서 또 만났다. 그들을 다시 보니 헤어졌던 가족을 만난 것처럼 무지 반갑다. 마음씨 고운 프랑스 청년은 보다 좋은 자리를 찾아 주기 위해 나보다 더 열심히 알베르게 안을 뒤지고 다니기까지 한다.

　간신히 2층 침대 하나를 잡아 짐을 풀어 놓고 있는데 알베르게 관리인이 따라오라며 슬쩍 눈짓을 보낸다. 아직 오픈하지 않은 방 하나가 더 있었던 게다. 우리 뒤로도 사람들이 줄줄이 더 들어오니 방을 열기로 한 모양이다. 그 방을 여니 30여 개의 침대가 텅 빈 채 있다. 웬 떡인가 싶어 얼른 1층 자리를 맡고 보니 고급 호텔도 부럽지 않다. 새로운 자리를 잡으니 프랑스 청년은 좋은 자리를 잡아서 다행이라며 엄지손가락을 치켜들더니만 펼쳐 놓은 내 짐을 옮겨 주기까지 한다. 새로

○ 이 길목에 누군가가 밑창이 다 떨어진 신발을 벗어 놓고 갔다. 신발을 벗어 놓고 가는 사람의 마음도 짠했으리라. 오랜 길을 함께 걸었던 신발을 두고 가자니 안타깝고, 들고 가자니 버거웠을 터.

들어온 사람들은 희색이 만면했고 이미 2층 침대를 잡은 다른 사람들도 부리나케 짐을 들고 자리를 옮기느라 여념이 없다. 자리 하나 가지고도 이렇게 희비가 엇갈리니 참 재미있는 여정이란 생각이 든다.

짐을 풀어 놓고 알베르게 옆에 붙어 있는 식당에서 이네스와 와인을 마셨다. 말은 안 통하지만 한 달 동안 배운 스페인어 단어를 꿰어 맞추고 몸짓을 섞어가며 얘기를 나눴다. 이네스도 우리가 그리웠다며 눈물을 뚝뚝 흘렸다는 흉내를 해 보인다. 이제 서른 초반이나 됐을까 싶었는데, 그녀는 마흔 살이란다.

Travel information

오늘의 여행 정보

오늘 통과한 마을

비야마요르 델 리오-(4.7km)-벨로라도-(4.8km)-토산토스-(3.5km)-에스피노사 델 카미노-(3.7km)-비야프란카 몬테스 오카-(12km)-산 후안 데 오르테가

길의 특성

비야마요르 델 리오에서 비야프란카 몬테스 오카 마을까지는 비교적 평지길인 반면 비야프란카 몬테스 오카 마을을 지나면서 산 후안데 오르테가까지 12km가량은 가파른 산 오르막길과 은근한 오르막길도 제법 많은 산길의 연속이다. 따라서 가급적 비야프란카 몬테스 오카 마을에서 묵은 후, 다음 날 아침 일찍 출발해 한낮의 더위를 피해 가는 것이 좋다.

알베르게

산 후안 데 오르테가 마을은 성당과 알베르게만 덜렁 있는 곳으로 주변에 볼 것도 살 것도 없다. 알베르게 숙박료는 알아서 내는 도네이션 형태. 수도원 건물을 개조한 곳으로, 침대 수는 많지만 2층 침대가 높고 좁아 다소 불편하다. 늦게 도착해서 더운물이 다 된 건지 원래 그런 건지는 모르지만 여자 샤워실엔 찬물밖에 안 나와(남자 샤워실은 뜨끈한 물이 나왔다는데) 샤워도 하지 못하고 세수만 간신히 하고 발만 닦았다.

식사

알베르게 옆에 바를 겸한 식당이 있다. 7시부터 저녁식사 가능. 요금은 8~10유로. 와인은 한 잔에 1유로.

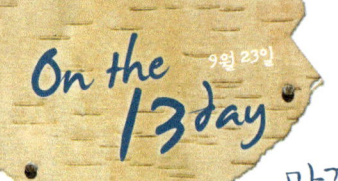

말끔한 샤워와 안락한 의자, 이 길을 지나는 순례자들의 바람

산 후안 데 오르테가 • 부르고스Burgos 27.7km

오늘의 목적지는 부르고스. 아침 7시쯤 나서니 우리보다 앞선 사람이 별로 없다. 날은 여전히 컴컴하다. 랜턴이 없으면 걸어가기도 힘들 정도다. 알베르게를 벗어나니 양옆에 울창한 나무들이 들어선 숲길이다. 30분 정도 걸으니 한쪽은 여전히 숲이지만 다른 한쪽은 나무를 죄다 베어낸 상태. 널찍한 길을 내는 중인 것 같았다.

다시 이어지는 숲길을 지나고 나면 양옆으로 넓은 들판에, 띄엄띄엄 나무 몇 그루만 있을 뿐이다. 그 들판에서 소들이 한가롭게 풀을 뜯고 있다. 큰 눈망울로 아침 길을 걷는 우리를 끔벅끔벅 쳐다본다. 꺼먼 소를 보니 투우장에서처럼 사람에게 달려드는 건 아닐까 염려도 됐지만 다행히 이곳 소들은 양순하다. 하지만 들판 사이로 난 길가엔 군데군데 소똥이 한 무더기씩 쌓여 있어 한눈 팔고 가다간 소똥을 밟기 십상이다.

소들이 가득한 들판 언덕을 지나 내리막길로 접어드니 저 아래편으로 여명이 밝아오는 가운데 점점이 불을 밝힌 민가가 보인다. 그 사이로 아스라이 안개가 끼어 있는 풍경. 마음도 차분히 가라앉으며 뭔지 모를 벅찬 감동이 인다. 그 모습을 한참 바라보고 있자니 어느새 뒤따라 온 순례자들이 씩씩한 발걸음으로 뒤를 바짝 따라

와 앞서간다.

3.7km를 걸어 아게스Ages 마을에 도착하니 어제 묵은 곳과 달리 제법 마을 분위기가 난다. 아담하지만 편안한 느낌이고 집들도 예쁘다. 집집마다 돌담 사이로 핀 꽃들도 싱그럽다. 집들 사이로 요리조리 나 있는 길도 아기자기하다. 특히 눈길을 끌었던 건 어느 집 벽면에 그려진 달팽이 그림이었다. 서두르지 말고 달팽이처럼 천천히 가라는 표시일까? 마을 안에 '산티아고 518km'라는 표지판을 보니 아직도 갈 길은 아득하지만 '달팽이 메시지'를 새기며 천천히 가야겠다.

이곳 알베르게는 세탁기도 있고 더운물도 잘 나오고, 레스토랑도 있고 국제 전화를 걸 수 있는 전화기는 물론 말과 개도 받아 준다고 표시가 되어 있다. 어제 샤워를 못 해선가? 다른 건 몰라도 더운물이 잘 나온다는 문구가 유독 눈에 들어온다. 이럴 줄 알았다면 조금 더 걸어 어제 이곳에서 묵는 건데……. 하지만 어제 게서 멈춘 덕에 반가운 얼굴들을 다시 만났으니 그것으로 족하다.

아게스 마을을 지나니 넓은 들판에 해바라기가 가득하다. 베어낸 밀밭 사이로 지평선이 보이는 풍경도 여전하다. 이 길목을 지나다 보니 아타푸에르카Atapuerca라는 마을 간판이 보이면서 군데군데 고인돌도 보이고 커다란 물건을 끌고 가는 원시인 그림도 있다. 선사 시대 유적지로 이름난 마을이라더니 곳곳에서 그 흔적이 묻어난다.

비는 오지 않지만 하늘엔 잔뜩 구름이 끼었고 안개까지 서려 있으니 오랜 유적을 품고 있는 마을이 더욱 신비로워 보인다. 이 마을 바에서 향긋한 모닝커피와 상큼한 토마토로 아침 요기를 했다. 커피 세 잔에 큼지막한 토마토 세 개가 4유

로니 여행자 입장에선 그리 부담되는 값은 아니다.

마을을 지나니 은근한 오르막 언덕길이 시작된다. 언덕을 오를수록 안개는 더욱 짙어진다. 돌로 뒤덮인 언덕길 정상에 오르니 돌무덤 위로 전봇대 같은 십자가가 서 있다. 아무것도 없는 언덕에 홀로 선 십자가. 뽀얀 안개에 싸인 모습이 몽환적이다. 저마다 십자가 앞에 서서 기원을 하고 지나간다. 그렇게 잠시 머물다 천천히 안개 속으로 사라져 가는 사람들……. 알 수 없는 미지의 세계로 향하는 모습 같아 무척 인상적이었다. 누군가 영화를 만든다면, 이런 장면을 라스트 신으로 잡아도 좋을 것 같다. 우리 역시 그곳에 잠시 머무르니 이네스가 지팡이를 짚고 타박타박 걸어오다 우리를 보고 환한 웃음을 지어 보인다.

이 언덕을 지나 20분 정도 걸으니 또다시 작은 마을이 나온다. 많은 여행자들이 이곳에서 커피나 간식을 먹으며 휴식을 취하는 모습들이다. 이곳엔 재미있는 순례자 벽화가 있다. 큼지막한 배낭에 물통과 카메라는 그렇다 치고 라디오, 다리미까지 주렁주렁 매단 채 지팡이에 의지해 힘겹게 걷는 모습인데 그가 꿈꾸는 모양새는 말끔히 샤워하고 맨몸으로 안락한 의자에 앉아 편안하게 쉬고 있는 형국이다. 이 길을 걷는 모든 순례자의 바람인 듯 다들 이곳에서 기념사진을 찍는다.

이곳을 지나면 허허벌판. 한참을 걷다 보니 먼발치에 부르고스가 보인다. 눈앞에 보이긴 하지만 가는 길은 꽤 멀다. 부르고스를 앞두고 다리 하나를 건널 즈음, 한참 동안 화살표가 보이지 않는다. 외길이라면 화살표가 없어도 상관없지만 두 갈래 길 이상이 되면 당연히 불안해진다. 어디로 가야할 것인지 이리저리 둘러보다 보니 길바닥에 그려 놓은 화살표가 있다. 우리 앞에 가던 스위

스 작가 크리스토퍼 일행이 스틱으로 그려 놓은 것이지 싶다. 아무것도 없는 땅바닥에 그려진 화살표 하나가 반갑기도 했지만 뒷사람을 위해 그려 놓고 간 그들의 마음이 고마웠다.

부르고스에 들어서니 대도시란 느낌이 물씬 난다. 팜플로나에서도 그랬듯 큰 도시에 들어서면 늘 헤매게 된다. 화살표나 조가비 표시를 찾는 것도 쉽지 않다. 큰 도시가 편리하긴 하지만 역시 편하진 않다. 복잡한 길가에서 이리저리 두리번거리고 있자니 개를 끌고 가던 아저씨가 아를란존Rio Arlanzon 강을 따라 계속 가면 된다고 길을 알려 준다. 강이라고 하기엔 좀 그렇고 큰 개울 정도다.

강가엔 넓은 잔디밭이 양옆에 펼쳐져 있고 곳곳에 다리가 걸려 있다. 이 강가는 부르고스 사람들의 쉼터인 모양이다. 일요일 오후, 개를 데리고 산책 나온 사람도 많고 수영복만 입고 해바라기 하는 이들도 많다.

아저씨 말대로 강을 따라가다 알베르게보다 부르고스 대성당을 먼저 찾았다. 성당에 도착한 시간은 오후 3시 무렵. 성당 첨탑이 어찌나 화려한지 마치 왕관 같은 느낌이다. 하지만 시에스타 시간에 걸려 문을 닫은 상태다. 성당 문이 다시 열리는 시간까지 기다리며 주변을 둘러보았다. 대성당을 중심으로 레스토랑이 많다. 우리처럼 배낭을 메고 다니는 사람은 가뭄에 콩 나듯 보이고 말끔한 옷차림의 사람들로 바글바글하다. 일요일 벼룩시장이 열렸는지 헌옷, 가방, 등을 줄줄이 걸어 놓고 파는 사람들도 많다. 성당 위쪽에 있는 부르고스 호텔의 규모가 대단해 보인다. 언뜻 국회의사당쯤 되어 보이는데, 호텔이란다.

부르고스 대성당 문이 다시 열리는 오후 4시 30분. 순례자들은 일요일엔 무료 관람이란다. 공짜로 들어간다니 기다린 보람이 더 느껴진다. 대성당은 겉모습도 화려하지만 내부 규모도 방대하다. 천천히 돌아보다 보면 반나절도 모자랄 것 같은 생각이다. 그 큰 성당 곳곳을 빈틈없이 구석구석 그림과 조각품으로 장식해 놓

은 것도 놀랍다. 또한 햇빛에 반사되는 스테인드글라스 빛은 너무나 화려하고 섬세해 할 말을 잃을 정도였다.

성당을 돌아보고 부르고스의 알베르게에 도착했다. 성당을 둘러보는 바람에 7시가 다 되어서야 들어섰는데 다행히 자리가 몇 군데 남아 있다. 이미 자리를 잡은 사람들은 넓은 잔디 정원에서 사색을 즐기거나 일기를 쓰고 삼삼오오 모여 담소를 즐기거나 기타 반주에 맞춰 노래를 하는 등 아주 평화로운 모습이다. 앞서거니 뒤서거니 하며 마주친 낯익은 얼굴들도 많이 보인다.

이곳에서는 저녁을 먹기 위해 한참을 고생했다. 스페인에서는 대개 9시가 넘어야 저녁 식사를 판다. 비교적 빨리 판다 해도 8시 30분은 되어야 했다. 배는 고파 죽겠는데 이 나라 사람들은 왜 이리 저녁을 늦게 먹는지. 하루 종일 걷느라 고생했는데 좀 더 일찍 파는 곳은 없나 싶어 거리를 헤매고 다녔다. 하지만 결국 바에 들어가 정식 저녁 메뉴 대신 스페인 사람들이 술안주로 즐겨 먹는 타파스만

몇 접시 시켜 요기를 했다. 작은 바 안에선 테이블마다 아저씨들이 모여 카드놀이를 하고, 바마다 텔레비전에선 어김없이 축구 경기를 틀어 놓고 있다. 축구를 좋아하는 스페인 사람들의 성향이 고스란히 드러나는 모습이다. 정식 메뉴도 아니건만 알베르게가 불을 끄는 시간이 10시이다 보니 타파스마저도 허겁지겁 먹고 부리나케 알베르게로 돌아왔으니……. 오늘은 잠자리에 들어서도 정신이 없다.

Travel information

오늘의 여행 정보

오늘 통과한 마을

산 후안데 오르테가-(3.7km)-아게스-(2.5km)-아타푸에르카-(8.6km)-오르바네하-(2.8km)-비아프리아-(10.1km)-부르고스

길의 특성

울창한 숲길과 들판길이 이어지다 선사 시대 유적지로 이름난 아타푸에르카 마을을 지난다. 이후로는 은근한 오르막길이 이어진 약간 가파른 언덕길 외에는 그다지 힘든 길은 아니다.

알베르게

부르고스에서 묵은 알베르게는 아를란존 강을 지나 공원(El Parral park) 한복판에 있다. 숙박료는 3유로. 공원 안에 자리한 만큼 널찍한 정원이 있어 좋다. 사무실 안쪽에 컴퓨터, 커피 자판기(0.40유로)도 있다. 화장실은 비교적 넉넉하지만 늦어서였는지 더운물이 나오지 않아 샤워하는 데 좀 애를 먹었다.

부르고스 대성당

스페인에서 세 번째로 큰 규모이자 유네스코 지정 세계 문화 유산에 등록되어 있는 만큼 볼거리가 풍부하다. 입장 시간은 오전 9시 30분~오후 8시(오후 2시에서 오후 4시 30분까지는 시에스타로 잠시 문을 닫음). 입장료는 어른 4유로이지만 순례자들은 순례자 증명서를 제시하면 1유로. 일요일엔 순례자들은 완전 무료.

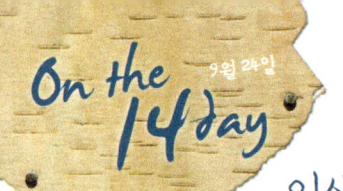

On the 14 day
9월 24일

인생도 여정도
뒤돌아볼 때 더 풍요로워진다

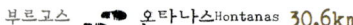
부르고스 ～～ 온타나스Hontanas 30.6km

아침 7시가 다 되어서야 알베르게에 불이 켜졌다. 첫날은 군기가 바짝 들어 5시 30분에 불이 켜지는 순간 다들 벌떡 일어났는데, 점차 알베르게에 익숙해지면서 불이 켜져도 늦잠을 자는 이들이 점점 많아진다.

오전 7시 30분 출발. 촉촉한 아침 안개에 젖으니 밀밭 색도 노랗고 땅 색도 유난히 붉다. 들판의 모습이 유화의 한 장면 같다. 밀레의 〈저녁종〉이 따로 있으랴. 이 벌판에도 고개 숙인 여인이 서 있다면 —해질 무렵은 아니지만— 밀레의 〈저녁종〉이 돼리. 이 아득한 벌판에 타박타박 걸어가는 사람 하나만 그려도 근사한 그림이 될 것 같다. 아니, 이 벌판의 나무와 안개만으로도 이미 멋진 그림이다.

발걸음을 멈추고 뒤를 돌아보니 아침 해가 떠오른다. 해를 둘러싸고 뽀얀 안개가 가득 덮여 있다. 부드러운 햇살 속에 물안개가 피어나는 냇물도 상큼하기 그지없다. 돌아보지 않았다면 몰랐을 아름다움이다. 앞만 보고 걷는 길은 절반의 카미노다. 인생도 여행도 뒤돌아볼 때 더 풍요로워진다.

들판길을 한동안 지나다 차도 고가 밑을 지나다 보니 높은 다리 기둥에 파란 머리에 파란 입술을 한 채 옆으로 누워 있는 독특한 여인의 그림이 눈길을 끈다.

○ 발걸음을 멈추고 뒤를 돌아보니 아침 해가 떠오른다. 해를 둘러싸고 뽀얀 안개가 가득 덮여 있다. 부드러운 햇살 속에 물안개가 피어나는 냇물도 상큼하기 그지없다. 돌아보지 않았다면 몰랐을 아름다움이다. 앞만 보고 걷는 길은 절반의 카미노다. 인생도 여행도 뒤돌아볼 때 더 풍요로워진다.

이곳을 지나니 나무가 울창한 숲길인가 싶더니 금세 고속도로 옆길을 지난다. 이 길목엔 웬 거미줄이 이리도 많은지. 길 양편으로 온통 거미줄이다. 아침 햇살을 받아 반짝이는 이슬 먹은 거미줄이 징그럽다기보다 한 편의 예술 작품 같아 보인다. 하지만 거미줄은 엄청난데 아무리 봐도 거미 한 마리 보이질 않는다.

거리표에선 부르고스에서 출발해 6.2km를 가면 비야비야 데 부르고스Villabilla de Burgos란 마을이 있다고 표시되어 있는데, 그 마을을 지난 것 같진 않은데 걷다 보니 어느새 3.6km를 더 가야 나오는 그 다음 마을인 타르다호스Tardajos다. 이곳에 오니 길가 카페에 순례자들이 앉아 커피를 마시거나 간단하게 아침 식사를 하는 모습이 보인다. 어쩌다 보니 10km가량을 내처 걸은 셈인지라 우리도 이곳에서 빵과 커피로 중간 요기를 하기로 했다.

다음 마을인 라베 라스 칼자다스Rabe Las Calzadas 입구에 들어서니 길가의 전깃줄마다 작은 새들이 한가득 앉아 있다. 언뜻 참새인 줄 알았는데 새끼 제비들이다. 마을 초입은 새로 지은 집들이 많고 안쪽으로 들어가면 돌로 지은 옛날 집들이 모여 있다. 제비가 유독 많은 이 마을 안쪽에 들어서니 물이 퐁퐁 솟아나는 분수대

앞에서 자그마한 할머니 수녀님이 다가와 묵주를 하나씩 나눠 주신다. 자신이 원하는 기도를 할 때 이것을 들고 하라며 기도하는 모습을 보여 주신다. 이 길을 걷는 이 중에는 이것을 행운의 마스코트로 여기며 항상 몸에 지니는 사람이 많다고 한다. 걷는 이들의 안전을 빌어 주며 묵주를 건네준 수녀님께 성의 표시라도 하고 싶다니, 그냥 가라며 한사코 손사래를 치신다.

이 마을에서 묵었던 이의 말에 의하면, 이 마을 알베르게는 수녀님들이 운영하는데 일찍 도착한 사람은 다소 불편한 자리를 내주고 맨 나중에 도착한 사람에게는 가장 좋은 자리를 배정한단다. 나중에 온 사람이 더 지치고 힘든 상태라 하여 보다 편안한 잠자리를 제공하기 위해서란다. 숙박료는 도네이션-donation, 기부-이다.

묵주를 받아 들고 몇 걸음 더 가니 작은 광장에 꽃으로 장식된 분수대가 있어 그림 같은 모습이다. 꽃들 사이로 검은 고양이가 혼자 늘어지게 누워 있다 낯선 이의 발걸음에 빤히 쳐다보며 눈만 껌벅인다. 단잠을 즐기던 고양이를 깨운 것 같아 미안하다.

이 예쁜 마을을 빠져나갈 즈음 길 한복판에 가재 한 마리가 설설 기어간다. 나뭇가지를 대어 보니 집게다리로 가지를 꼭 집는다. 가재가 대롱대롱 매달린 나뭇가지를 들어 도랑으로 옮겨 놓았다. 행여 길바닥을 기어가다 사람들에게 밟힐까 싶어서였다. 하지만 불현듯 잘못한 게 아니가 싶은 생각도 들었다. 본의 아니게, 타의에 의해 원점으로 되돌아간다면……. 가재 딴에는 도랑에서 풀숲으로 열심히 낑낑대며 기어가는 중인데 생각해 준답시고 한 내 행동이 가재를 도랑으로 되돌린 건 아닌가? 만약 우리가 부르고스까지 낑낑대며 걸어왔는데 웬 거인이 나타나 우리를 달랑 집어 출발점인 생 장 피드포르로 갖다 놓으면 얼마나 황당할까?

○ 햇볕은 뜨거웠지만 그나마 바람이라도 불어 주니 다행이다. 언덕으로 오를수록 그 바람이 점점 세어진다. 언덕에 오르니 하늘과 맞닿은 벌판이 마치 비행기 활주로 같다. 제법 거센 바람이 부니 팔만 뻗으면 하늘로 날 수 있을 것 같은 느낌이다. 잠시라도 새처럼 훨훨 날아볼 수 있다면 얼마나 좋으랴.

부르고스에서 레온으로 가는 길은 끝없는 들판길이다. 스페인 중북부 메세타 고원 지대로 200km가 넘는 길목 대부분이 나무 한 그루 제대로 없는 사막 같은 벌판길이다. 그동안 보아 온 몇몇 책에서는 이 구간을 '마의 코스'라고도 했다. 하긴 햇볕이 쨍쨍 내리쬐면 뜨거운 햇빛 한 줄기 피할 수 없는 길이기에 힘들만도 하다. 하지만 우리나라에서는 좀처럼 볼 수 없는, 가도가도 끝없는 지평선이 보이는 이 길이 나는 좋다. 나로서는 가장 인상 깊었던 길이기도 하다.

수녀님이 묵주를 나눠 준 마을에서 다음 마을로 가는 길목도 나무 하나 없는 허허벌판길이다. 하지만 들판인 듯 보이는 이 길이 은근한 오르막길이다. 언덕을 오르면 정상이지 싶다가 또다시 야트막한 언덕이 나온다. 내리막길은 보이지 않고 끝없이 오르는 언덕길이다. 이런 길이 다음 마을까지 8.2km 가량 이어지니 이 길을 지날 때도 물을 충분히 준비해야 한다.

구름 한 점 없는 하늘에서 내리쬐는 한낮의 햇빛은 그야말로 살인적이었고 시멘트를 부셔 놓은 것 같은 하얀 돌멩이에 햇빛이 비치니 돌멩이조차도 보석처럼 눈이 부시다. 모자나 선글라스를 쓰지 않으면 걷기도 불편할 정도다. 그 길목에 가리비 표시를 알리는 시멘트 기둥 위에 굽이 5cm 가량 되는 구두가 얹혀 있다. 누군가 뾰족구두를 신고 이 길을 걷다 놓고 간 모양이다. 이 길 위에서 뾰족구두를 보니 웃음이 난다. 상황에 맞지 않는 것에 대한 불편함이 고스란히 묻어난다.

은근한 오르막길을 따라 정점에 오르니 발밑으로 들판이

아득하게 펼쳐져 있다. 탁 트인 그 풍경에 가슴까지 탁 트인다. 자전거 순례자들 한 무리가 손을 흔들어 주며 우리를 앞질러 주르륵 내려가는가 싶었는데 어느새 들판의 점들이 되어 아득하게 멀어진다. 그 길 끝에 마을이 아스라이 보인다. 마을을 보니 무지 반갑다. 사막에서 오아시스를 만난 기분이 이런 기분일까?

마을 식당에 들어와 점심을 먹는데 무려 1시간 20분이나 걸렸다. 간단하게 먹고 나오려 했는데 말이 안 통해 무조건 시키고 보니 전채 요리에 메인 디시, 후식까지 나오는 정식 코스였다. 먹고 나니 땡볕의 기세는 더욱 등등하다. 오후 2시~5시 사이의 햇빛이 가장 힘들다. 땡볕에 배까지 부르니 몸이 더 무거워진 느낌이다.

다시금 이어지는 은근한 오르막길. 밀을 베어낸 들판은 여전히 썰렁하다. 햇볕은 뜨거웠지만 그나마 바람이라도 불어 주니 다행이다. 언덕으로 오를수록 그 바람이 점점 세어진다. 언덕에 오르니 하늘과 맞닿은 벌판이 마치 비행기 활주로 같다. 제법 거센 바람이 부니 팔만 뻗으면 하늘로 날 수 있을 것 같은 느낌이다. 잠시라도 새처럼 훨훨 날아볼 수 있다면 얼마나 좋으랴.

언덕을 지나 끝없는 고원 벌판길을 걷다 보니 누군가 빨간 글씨로 '커피 2km' 라 써 놓은 문구가 보인다. 그러니까 다음 마을이 2km 남았다는 얘기다. 별거 아닌 것 같아도 이런 문구 하나만으로도 힘이 난다.

8.2km를 걸어 오르니요스 델 까미노Hornillos del Camino에 들어서니 마을 입구에서 신선한 과일과 음료수, 야채 볶음밥 같은 도시락을 판매한다. 3개를 샀는데 6.50유로, 토마토 3개, 빵 3개, 콜라 하나에 3유로를 더 냈다. 이것이 오늘 우리의 저녁거리다.

다음 마을은 아로요 산볼Arroyo Sanbol. 이 길에서 같이 걷던 다른 사람의 말에 의하면 히피 주인이 운영하는 알베르게만 덜렁 있다는 곳이다. 시설은 별로지만 음식은 맛있단다. 들러서 커피라도 한잔 마시고 갈까 하다 길에서 벗어나 200m는 들어가야 하기에 포기하고 그냥 지나쳤다. 들어갔다 나오면 왕복 400m. 하루 종일 걷다 보면 이 정도 거리도 벅차다.

오늘의 목적지인 온타나스Hontanas 마을은 산속에 푹 파묻힌 것 같다. 고원 언덕에서 내려다보니 마을이 지붕만 보인다. 들어가는 돌담길도 정겹고 예쁘다. 집들이 하나 같이 오래되어 낡았지만 그 나름의 멋이 배어 있다. 마을 사람들은 별로 보이지 않고 비둘기만이 가득하다. 성당을 중심으로 지붕마다 전깃줄마다 홈이 팬 벽면마다 비둘기 천지다.

지친 걸음 끝에 알베르게에 들어가 자리를 잡고 보니 오랜 여행 끝에 집에 온 느낌이다. 괜히 뿌듯하고 편안하다. 우리가 묵은 사설 알베르게는 여러 개로 나누어진 방에 침대가 4개~6개씩 놓여 있어 아늑한 느낌이다. 우리는 가장 안쪽 방을 배정 받았는데 다락방 같은 분위기에 여섯 개의 침대가 놓여 있었다. 손바닥만한 창문 밖으로 보이는 성당 모습이 그림 같다. 이 방을 우리 셋과, 오는 도중 만난 한국 여인과 함께 넷이 맘껏 사용했다. 우리만 있으니 불을 켜고 끄는 것도 자유롭다.

하지만 드나들 땐 다른 방을 거쳐야 했는데 그때마다 마주치던 할머니는 미안해하는 우리에게 괜찮다며 온화한 웃음을 보인다. 그런 할머니를 뵈니 웃음 밴 얼굴이 얼마나 중요한지를 다시 한번 깨닫게 된다. 이 길에선 웃음이 아름답고 온화한 사람들을 많이 만났다. 특히 나이가 들어갈수록 용모의 미추를 떠나 따뜻한 웃음이 배어 있는 이는 참으로 아름답다. 나 역시 나이 들어 심술이 덕지덕지 붙은 얼굴은 되지 말아야 할 텐데……

Travel information

오늘의 여행 정보

오늘 통과한 마을

부르고스-(6.2km)-비아비야 데 부르고스-(3.6km)-타르다호스-(2km)-라베 라스 칼자다스-(8.2km)-오르니요스 델 카미노-(5.7km)-아로요 산볼-(4.9km)-온타나스

길의 특성

부르고스를 벗어나면 한동안 들판길이 이어지다 차도 옆으로 난 길을 걷게 된다. 라베 라스 칼자다스 마을을 지나면서 온타나스까지는 나무 한 그루 제대로 없는 벌판길에 은근한 오르막길이 계속된다. 이 길을 지날 때는 물을 충분히 준비해야 한다.

알베르게

온타나스 마을에는 공용 알베르게와 사설 알베르게가 있다. 우리가 묵은 곳은 사설 알베르게(EL PUNTIDO)로 숙박료는 5유로. 침대 수는 40개 정도인데 여러 개의 방으로 나뉘고 침대가 4개~6개씩 배치되어 비교적 쾌적한 분위기였다. 샤워 시설은 남녀 공용, 화장실은 따로, 세탁기 있음. 알베르게 안에 식당과 바가 있어 음료와 맥주, 와인을 사 마실 수 있다. 아침은 오전 6시부터 판매. 저녁에는 순례자 메뉴를 주문 받아 해 준다. 공용 알베르게에서 묵는 사람도 대부분 이 사설 알베르게에 와서 아침을 먹는다. 알베르게 바로 앞에는 별 하나짜리 오스탈도 있다.

달팽이 걸음의 할머니, 힘들지 않으세요?

온타나스 → 보아디야 델 카미노 Boadilla del Camino 28.4km

우리끼리 있으니 아침에 짐을 쌀 때도 편했다. 사람이 많을 땐 이른 아침에 짐 쌀 때도 소리가 날까 싶어 조심해야 했고 컴컴한 방 안에서 랜턴을 켜는 것도 미안했다. 그러다 시간이 좀 더 지나면 다른 이들도 하나둘 일어나 여기저기서 부스럭대며 짐 싸는 소리가 난다. 그때쯤 되면 짐 싸는 사람들이 부스럭 소리를 일부러 더 내기도 한다. '잘 만큼 잤으니 이제 일어나라'는 무언의 표시다. 그 정도 돼야 누군가 그다지 미안해하지 않고 불을 확 켠다.

오늘은 우리나라의 추석날. 환한 보름달로 여느 때와 달리 길이 어슴푸레 보인다. 이른 아침 앞 사람이 길을 잘못 들면 뒷사람도 주르륵 따라가다 서로 멋쩍은 웃음을 지으며 돌아 나오던 때가 몇 차례 있었다. 오늘도 그랬다.

아무 생각 없이 앞서 가던 두 독일 여인을 따라가고 있는데 여인들이 다시 돌아온다. 화살표를 못 봤다며 우리에게 "이 길이 맞느냐"고 묻는다. 우리도 못 봤다고 하니 다시 돌아가야 한단다. 내 직감에 이 길을 통해 저 멀리 산 넘어 가는 길이 연결된 것 같아 "이 길이 맞는 것 같다"고 하니 "오, 노우! 확인하고 가야 한다"며 기어코 돌아간다. 그러면서 "절대로 추측해서 가면 안 된다"며 우리에게도 가지 말고 기

○ 길을 걷다 보면 대개는 비슷하지만 마을마다 조금씩 다른 풍경을 만
난다. 오늘은 어떤 길이 펼쳐질까. 어떤 알베르게가 기다리고 있을까
도 궁금하다. 새로운 길에 대한 기대감이 걸음을 옮기게 하는 것 아
닐까 싶다. 뻔히 아는 길은 재미도 흥미도 없다.

다리란다.

'분명 이 길이 맞는 것 같은데······.'

어쨌든 그녀들의 말대로 기다리고 있자니 다시 돌아온 여인들은 "이 길이 맞다"고 한다. 하지만 그녀들은 우리를 붙잡아 둔 것에 쑥스러워하지도 미안해하지도 않는다. "맞다"는 말만 남기고 씩씩하게 걸어간다. 어찌 보면 습성인 것 같다. 무엇이든 철저히 확인하고 시작하는 그들과 대충 감으로 추측하고 가려던 우리. 그런 게 점점 벌어져 큰 문화적 차이, 관념적 차이가 생기는 건지도 모르겠다. 경우에 따라 둘 중 하나가 미련한 짓이건만 어찌됐건 갈림길이 나오면 지레짐작으로 가기보다는 화살표나 가리비 표시를 확실히 확인하고 가는 것도 필요하겠다.

어제는 황량한 들판이었는데 오늘은 야트막한 구릉이 사방에 펼쳐져 있고 그 사이로 폭 파묻힌 길가엔 나무도 제법 있다. 하늘은 맑은 것 같으면서도 한쪽에선 먹구름이 '슉슉' 꽤 빠른 속도로 움직인다. 바람도 제법 분다. 이 바람에 움직이는 나뭇잎 소리가 파도 소리 같기도 하고 소나비 내리는 소리 같기도 하다. 귓가에 스치는 바람소리가 좋아 가던 길을 멈추고 한참 동안 나뭇잎 흔들리는 소리를 들었다. 한 명, 두 명, 세 명······. 멀리 타박타박 걸어가는 이들이 점처럼 보인다.

길을 걷다 보면 대개는 비슷하지만 마을마다 조금씩 다른 풍경을 만난다. 오늘은 어떤 길이 펼쳐질까. 어떤 알베르게가 기다리고 있을까도 궁금하다. 새로운 길에 대한 기대감이 걸음을 옮기게 하는 것 아닐까 싶다. 뻔히 아는 길은 재미도 흥미도 없다.

온타나스에서 7km 지점에 있는 콘벤토 산 안톤

Convento San Anton 마을 입구는 높은 벽이 둘러진 것이 성문을 지나 성벽 밑을 걷는 느낌이다. 이어 초록색 창가에 화분이 걸려 있는 집들 사이로 맑은 햇살이 퍼지는 모습이 마치 그림 같다. 여기저기서 아침 닭 울음소리도 들려온다.

이곳에서 30분 남짓 걸어 온 카스트로헤리즈Castrojeriz 마을에서 커피를 마셨다. 늘 그랬듯 아침 나절에 마시는 향긋한 커피는 목 넘김도 좋지만 냄새가 더 좋다. 하지만 그 좋은 기분을 망쳐 놓은 한 인간이 있었으니.

며칠 전부터 어쩌다 한 번씩 마주치던 한 일본 여인은 볼 때마다 기분을 나쁘게 했다. 다른 이들은 오다가다 만나면 "올라! ─스페인어로 안녕이란 뜻─" 하며 웃는 얼굴로 서로 인사를 나누곤 하는데 이 여인은 인사를 하면 마지못해 모기 소리만한 말로 대꾸하거나 아예 눈을 흘기며 대꾸도 안 한다. 커피를 마시면서 그런 그녀와 눈이 마주쳤고 나도 모르게 또 웃으며 인사를 했더니만 아니나 다를까 또 뭐 씹은 표정으로 외면해 버린다. 그야말로 '뭐 저런 게 다 있노?' 소리가 절로 난다. 20대 후반? 아님 30대 초반이나 됐음직한 그녀는 늘 젊은 서양 남자들과 어울려 다녔는데 그들과는 과할 정도로 '호호, 깔깔' 대는 통에 눈살을 찌푸리게 했다. 자신을 바라보는 나의 곱지 않은 시선을 알아차려선가? 그녀는 우리를 보면 은근히 피하는 눈치다. 아무튼 이 좋은 길에서 볼 때마다 기분을 망치게 하는 그녀를 다시는 마주치지 않길 바라지만……

그녀 때문에 찝찝해진 커피 맛에 대충 마시고 일어나 걷다 보니 마을 위 언덕 꼭대기에 벽면은 대부분 허물어지고 아치형 출입구만 남아 있는 성이 보인다. 오래 전, 높은 곳에서 위엄 가득한 모습으로 마을을 지켜보았을 고성. 지금은 그 영화도 사라진 채 쓸쓸하게 남아 있는 모습에서 괜한

연민이 느껴지기도 한다. 성 아래곳곳엔 허물어진 빈집도 많지만 남아 있는 집들은 아기자기하고 예쁘게 꾸며져 대조를 이룬다. 이 거리는 순례자들 때문에 남아 있는 듯 보였다.

다음 마을은 9km. 마을을 벗어나 들판 길을 걷는데 맞은편에서 걸어오던 할아버지가 너무나 반가워한다. 돌다리에게 악수를 건네더니 내게 와선 와락 껴안더니만 불현듯 입에 뽀뽀를 한다. 반가워하는 건 고맙지만 빰도 아닌 입술에 뽀뽀를 하니 좀 부담스럽다. 게다가 할아버지는 내 얼굴을 붙잡고 좀처럼 놓질 않는다. 점점 느낌이 이상했다. 슬며시 혀를 내밀려는 것 같았다. 안 그래도 입술에 뽀뽀를 하는 통에 앙 다물고 방어를 하긴 했지만 순간 당황스럽기도 하고 화가 났다. 아침부터 치한에게 봉변을 당한 느낌이다. 길을 걷다 별 희한한 일을 다 당하네.

나중에 알고 보니 저만치 앞서 걷던 시어머니도 나와 같은 봉변을 당하셨단다. 반가움을 빙자한 성 도착증 환자가 아닐까? 남자들한텐 적당히 인사하고 여자들만 골라 껴안고 뽀뽀하는……. 으~~

마을로 돌아가 할아버지를 신고할까도 싶었지만 말이 통해야 말이지. 더구나 이것이 문화적인 차이인 건지 치한인 건지 알 수도 없고, 그 할아버지가 마을 사람인지 지나는 사람인지 알 수도 없고. 그래도 혹시나 이 지역을 맴돌며 상습적으로 행하는 짓이 아닐까 싶어 이곳에 밝혀 둔다.

들판길은 차가 지날 정도로 넓은데 워낙 길게 뻗어 있다 보니 멀리 지나온 길을 돌아보면 가느다란 선처럼 보인다. 저만치, 일흔은 족히 넘어 보이는 할머니가 무릎 밑까지 내려오는 까만 치마에 운동화도 아닌 단화를 신고 느릿느릿 걸어오신다. 아득한 길 위에서 양손에 쥔 스틱을 짚으며 혼자 타박타박 걸어오시는 모습이 외로워 보여 할머니를 기다렸다. 할머니의 걸음은 아주 느렸다. 거의 달팽이 걸음 수

"할머니 힘들지 않으세요?"

"힘들긴……. 내가 너무 천천히 걸으니, 누구와도 친구가 될 수 없어 외롭긴 하지만 이렇게 걸을 수 있어 난 너무 행복하다우."

독일에서 오셨다는 할머니는 힘겨워 보이는 걸음과는 달리 표정은 아주 맑고 환한 모습이셨다. 할머니와 몇 마디를 나눈 후 다시 걷다가 뒤를 돌아보니 여전히 저만치 뒤에서 홀로 천천히 걸어오는 할머니 모습에 가슴이 뭉클하다.

준이다. 다른 이들이라면 1~2분 내로 올 거리건만 할머니는 5분이 넘게 걸린 듯했다.

"할머니 힘들지 않으세요?"

"힘들긴……. 내가 너무 천천히 걸으니, 누구와도 친구가 될 수 없어 외롭긴 하지만 이렇게 걸을 수 있어 난 너무 행복하다우."

독일에서 오셨다는 할머니는 힘겨워 보이는 걸음과는 달리 표정은 아주 맑고 환한 모습이셨다. 할머니와 몇 마디를 나눈 후 다시 걷다가 뒤를 돌아보니 여전히 저만치 뒤에서 홀로 천천히 걸어오는 할머니 모습에 가슴이 뭉클하다. 느리긴 하지만 한 걸음 한 걸음 내딛는 모습을 가만히 보고 있으니 할머니 말씀대로 행복해 보이신다. 젊은 사람들은 도전해 본다고 이 길을 걷지만 나이 든 사람은 자신의 생을 되돌아보며 갈무리하는 길이기도 하다.

9km 지점에 있다는 마을은 있는 듯 없는 듯해서 스쳐 지나가고 말았다. 1km 가량 더 가면 들판에 공용 알베르게 하나가 덜렁 있는 이테로 델 카스티요Itero del Castillo. 알베르게를 지나 100m가량 가면 돌다리가 있는데 다리 옆으로 노랗게 물든 포플러 나무 숲이 펼쳐져 있다. 바람에 움직이는 모양도 예쁘고 소리도 아름답다.

이곳에서 8km가량 지나면 오늘의 목적지로 정한 보아디야 델 카미노Boadilla del Camino 마을이다. 마을 입구에 공용 알베르게가 있지만 침대만 덜렁 놓인 그곳에 묵는 사람은 몇 안 돼 보인다. 대부분 그보다는 시설이 나은 사설 알베르게로 들어간다. 썰렁한 공용 알베르게와 달리 예쁜 잔디밭에 수영장까지 갖춘 사설 알베르게는 사람들로 거의 꽉 찼다. 이 순례자의 길에도 자본의 힘이 미치기 시작한 것이다. 종일 걷다 보면 보다 편안하게 쉬고 싶은 마음에 기왕이면 좀 더 주고서라도 조금이라도 편한 것을 찾게 되는 것 같다.

우리도 공용 알베르게 대신 사설 알베르게를 택했다. 이미 도착해 잔디밭에

옹기종기 모여 해바라기하는 사람들, 담소를 나누는 사람들, 조용히 책을 읽는 사람들, 거기다 바람에 펄럭이는 빨래까지 활기찬 느낌이다.

　알베르게 주인도 친절했다. 특히 20대 중반으로 보이는 젊은 아들은 아주 유쾌했다. 긴 머리를 질끈 묶은 에드알도란 이름의 아들이 우리를 보더니 "어디서 왔느냐"고 묻기에 "한국에서 왔다"니 자기도 한국에서 왔다며 너스레를 떤다. 이곳의 귀염둥이는 송아지만한 개 두 마리. 실내에 어슬렁어슬렁 돌아다니며 여행객들에게 얼굴을 비비며 예뻐해 달라는 모습이 덩치에 안 맞지만 귀여웠다. 그런 개의 사진을 찍으려 하니 에드알도는 "오우, 파파라치, 파파라치" 하며 개의 얼굴을 가려 주는 모습이 익살스럽다.

　저녁 시간은 오후 7시. 그리 늦은 시간은 아니지만 종일 걷다 도착하니 그 시간을 기다리는 것도 힘들다. 기다리는 동안 샤워도 하고 빨래도 해 놓고 좀 쉬다 마을을 둘러보고 있는데 낮에 만났던 독일 할머니가 느린 걸음으로 그제야 마을을 향해 걸어오신다. 할머니 마중을 하며 "사설 알베르게가 좋긴 하지만 아래층 침대가 없다"고 전하니 할머니는 "이층 침대는 오르내리기 힘들다"며 공용 알베르게로 들어가신다. 길에서도 혼자였던 할머니가 잠자리마저 썰렁한 곳으로 들어가시는 모습을 보니 괜시리 마음이 짠하다.

Travel information

오늘의 여행 정보

오늘 통과한 마을

온타나스-(7km)-콘벤토 산 안톤-(2.7km)-카스트로헤리즈-(9km)-푸엔테 피테로-(1km)-이테로 델 카스티요-(0.7km)-이테로 데 라 베가-(8km)-보아디야 델 카미노.

길의 특성

온타나스 마을을 지나면 야트막한 산 언덕길이 사방에 펼쳐진 가운데 비교적 편편한 길이 이어진다. 길가엔 나무도 제법 있어 덜 지루한 편이다. 카스트로헤리즈 마을을 지나면서부터는 긴 언덕길을 넘어 다시 끝없는 들판이 이어진다.

알베르게

보아디야 델 카미노에는 공용 알베르게와 사설 알베르게 두 개가 있다. 공용 알베르게는 숙박료는 3유로지만 시설이 낙후되어 썰렁한 편이었고 대부분 사설 알베르게(EN EL CAMINO)에 묵는 편이다. 숙박료는 5유로. 알베르게에서 저녁 메뉴(8.50유로)는 물론 과일, 스낵, 맥주, 음료 등도 판매한다. 아침은 오전 6시부터 판매(3유로)한다.

On the 16 day
9월 26일

마음에 드는 침대,
그것만으로도 행복한 여행!

보아디야 델 카미노 → 카리온 데 로스 콘데스 Carrión de los Condes 25.3km

알베르게에서 내온 아침 메뉴는 바게트 빵에 잼과 버터, 사발만한 컵에 한가득 따라 주는 따뜻한 커피. 이 길에서 마시는 커피는 대체로 소주잔만한 작은 잔에 찔끔 따라 주는, 에스프레소처럼 진한 커피로, 이른 아침 빈속에 마시긴 좀 부담스러웠는데 이곳은 커피에 우유를 듬뿍 넣어 주니 부드럽고 좋다.

다른 때보다 든든히 배를 채우고 길을 나서는데 아침 빛깔이 참 곱다. 해가 점점 올라오는 기운이 비치더니 연보랏빛, 분홍빛 등이 묘하게 섞인 하늘빛이 신비스럽기까지 하다.

다음 마을인 프로미스타 Fromista 까지 6km가량은 일직선으로 곧게 뻗은 비포장 도로. 왼쪽은 포플러 나무가 줄줄이 서 있고 오른쪽엔 수로가 길게 뻗어 있다. 프로미스타 마을은 제법 크다. 마을 안쪽으로 들어가면 슈퍼마켓, 바, 레스토랑, 은행도 있다. 길가에 차가 나란히 세워져 있는데 무쏘와 소렌토다. 이 먼 땅에서 한국 차가 나란히 서 있는 걸 보니 반갑다. 마을을 지나는데 길가에 줄줄이 늘어선 집 앞을 걷다 보니 집집마다 마당에 있던 개들이 짖어대느라 정신이 없다.

프로미스타를 지나 3.8km 지점에 있는 파블라시온 데 캄포스Pabiacion de Campos 마을에 있는 바에서 커피라도 한잔 마시려고 들어갔는데 반갑지 않은 얼굴을 또 마주쳤다. 볼 때마다 기분을 상하게 하는 그녀를 이 길에서 다시는 마주치고 싶진 않았건만. 먼저 인사를 건네면 늘 뚱한 얼굴로 마지못해 인사하거나 대답은커녕 째려보는 눈치였던 그녀에게 무시당한 느낌이 들어 어느 순간부턴 나도 그녀를 보면 똑같이 무시하고 눈길을 마주치지 않았는데 그럴 때마다 마음은 편치 않았다.

파블라시온 데 캄포스에서 다음 마을인 비야멘테로 데 캄포스Villamentero de Campos로 가는 길은 두 갈래다. 두 갈래 길을 표시한 안내판이 있는데 어느 곳으로 가든 거리는 비슷하다. 왼쪽은 도로를 따라, 오른쪽은 들판 사이 일직선으로 곧게 뻗은 흙길이다. 도로보다는 아무래도 들길이 나을 것 같아 오른쪽으로 들어서니 비포장 도로 양편에 채소가 한가득 심어져 있다. 스프링클러에서 뿜어져 나오는 물줄기가 아침 햇살을 받아 반짝이는 모습이 싱그럽다.

그 길을 따라 40분 정도 걸었을까? 비요비에코Villovieco 마을이 나온다. 이곳에는 알베르게가 있다는 표시는 없고 마을을 지나면서 물 먹는 곳만 있다. 이곳을 지나 좀 더 걸으니 비야멘테로 데 캄포스 마을. 이 마을엔 무데하르 양식의 성당이 있다. 화려하거나 웅장한 맛은 없지만 군데군데 섬세한 문양으로 꾸며진 모습

이 독특하다.

성당을 둘러보고 나오는데 한 아주머니가 "어디서 왔느냐"고 묻는다. 한국이라 하니 동전 하나만 달라는 몸짓을 해 보인다. 성당 구경을 했으니 도네이션이라도 하라는 줄 알았는데 제대로 알아듣지 못하는 스페인어지만 한참 듣다 보니 세계 각국의 동전을 모으는데 한국 동전이 있느냐는 거였다.

동전은 없어 천 원짜리 지폐 한 장을 주니 너무나 좋아하며 따라오라는 손짓을 한다. 성당 앞에 있는 집으로 안내한 아주머니는 집 앞에 계시던 할아버지한테 한국 사람들이 지폐를 줬다며 어린아이처럼 자랑하며 열심히 설명하는 눈치다. 할아버지 또한 우리를 반갑게 맞이하며 자꾸만 안으로 들어오란다. 할아버지 손에 이끌려 안으로 들어서니 집 안의 작은 공간이 손수 만든 자전거 하며 미니 탑, 미니 집 등 온통 공작품으로 차 있다. 할아버지가 손수 만드신 것들이라며 작품을 일일이 보여 주는가 하면 미니 집에 장식된 크리스마스 전구까지 켜 보인다. 그러더니 손수 만든 탑을 자전거 양쪽에 갖다 놓고 기념사진을 찍으란다. 할아버지의 권유대로 자전거에 올라 어정쩡한 포즈로 앉아 있으니, 사진 찍을 땐 만세를 불러야 한다며 두 손을 번쩍 들어 올리게 한다.

할아버지는 수집한 동전을 빼곡히 모아 둔 액자엔 한국 것도 있다며 보여 주셨는데 그 안에 500원짜리 동전이 들어 있다. 내친 김에 천 원짜리 한 장을 더 드리며 앞 뒤 모양이 다르니 나란히 전시해 놓으면 좋겠다고 하니 그렇게 좋아하실 수가 없다. 잠시나마 구경도 잘하고 조막만한 빵에 시큼한 열매까지 내어 주시던 할아버지는 가는 길에 먹으라며 열매 몇 알을 더 챙겨 주기까지 하신다.

오늘의 목적지는 카리온 데 로스 콘데스. 오후 2시가 조금 넘은 시각이었지만 다음 마을까지는 17km가 넘는 긴 코스라 이곳에서 멈출 수밖에 없다. 다행히 마

을도 제법 커서 둘러볼 곳도 많아 일찌감치 자리를 잡고 마을을 돌아보는 것도 좋을 것 같았다.

　이곳에서 반가운 이들을 다시 만났다. 팜플로나를 지나면서부터 알게 되어 사흘 내내 같이 걷던 한국 여인으로 다시 보니 정말 반가웠다. 그동안 내 모자와 무릎 보호대를 가지고 있던 그녀는 그것을 돌려주려, 우리를 만나기 위해 많은 애를 썼다며 우리보다 더 반가워한다. 내겐 모자 외에 얼굴에 두르는 천이 있었고, 내 다리는 멀쩡하지만 그녀는 무릎 통증이 있었기에 빌려준 터였다. 생각 같으면 그냥 사용하라고 하고 싶었지만 햇볕이 워낙 따가우니 모자가, 아침저녁으로 날이 점점 쌀쌀해지니 무릎 보호대도 아쉽기도 했던 참에 못 이기는 척하고 받아 들였다. 다행히 그녀는 무릎 보호대를 샀다고 한다. 로그로뇨에서 처음 보고 그동안 몇 번 만났던 브라질 커플도 다시 만났다. 유럽인들은 건방져서 싫고 동양인이 좋다던 이들이다.

　우리가 묵은 알베르게는 수녀원에서 운영하는 곳이었다. 좀 이른 시간이어선지 우리 앞에 자리를 잡은 이는 단 두 명 뿐. 무엇보다 이층이 아닌 일층 침대만 있으니 복잡하지 않고 편안하다. 게다가 화장실도 많으니, 화장실 걱정 안 하는 것만으로도 기분이 좋다. 빨랫줄도 넉넉해 빨래를 마음껏 펴서 말리니 그것도 좋다. 이 길을 걷다 보면 사람이 참 단순해지는 것 같다. 하루 종일 걷다 마음에 드는 침대 하나를 차지하는 것만으로도 이렇게 행복해진다. 다시 일상으로 돌아가서도 이렇게만 살면 좋으련만. 뭐 그리 생각해야 할 것도 많고 복잡한 게 많은지…….

Travel information

오늘의 여행 정보

오늘 통과한 마을

보아디야 델 카미노-(6km)-프로미스타-(3.8km)-파블라시온 데 캄포스-(5.7km)-비야멘테로 데 캄포스-(4km)-비얄카자르 데 시르가-(5.8km)-카리온 데 로스 콘데스

길의 특성

보아디야 델 카미노에서 프로미스타까지 6km가량은 곧게 뻗은 비포장 도로가 펼쳐져 있다. 파블라시온 데 캄포스에서 다음 마을인 비야멘테로 데 캄포스로 가는 길은 두 갈래. 왼쪽의 도로를 따라, 오른쪽은 들판 사이 일직선으로 곧게 뻗은 흙길인데 어느 곳으로 가든 거리는 비슷하다. 이후 들판길에 차도 옆을 따라 걷는 평탄한 길이 이어진다.

알베르게

카리온 데 로스 콘데스에는 알베르게가 여럿 있다. 우리가 확인한 것만도 3개나 된다. 이곳에서 다음 마을까지는 무려 17km나 되므로 대개는 이 마을에서 묵어 간다. 우리가 묵은 곳은 수녀원에서 운영하는 곳으로 숙박료는 3유로. 1층 침대만 놓여 있어 아늑한 느낌이고 무엇보다 샤워실과 화장실이 많아 편했다. 음식을 직접 해 먹을 수는 없었고 방을 배정 받으면 수녀님이 순례자 메뉴를 파는 식당을 알려 준다.

카리온 데 로스 콘데스 마을

비교적 큰 마을로 돌아볼 곳도 제법 있다. 레스토랑, 기념품점, 화장품 가게, 미용실, 은행, 필름 가게는 물론 이글레시아 데 산티아고 박물관(입장료 1유로)도 있다. 이곳에서 신부들의 의상이나 물품, 옛 순례자들의 모습을 재현한 모습 등을 볼 수 있다.

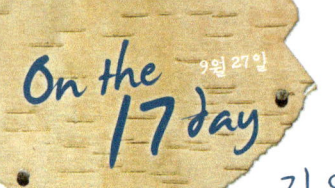

On the 17 day
9월 27일

길 위에서 맛보는
단맛, 쓴맛, 짠맛, 매운맛

카리온 데 로스 콘데스 🐾 산 니콜라스 델 레알 씨에이 San Nicolas del Real CA **32.1km**

어제 저녁은 무척 추웠다. 9월 말이 되니 아침저녁은 제법 쌀쌀해 따뜻한 겉옷 생각이 간절했다. 오늘 아침도 쌀쌀하긴 마찬가지. 오전 7시경 알베르게를 나섰는데 성당을 지나면서부터 화살표가 제대로 보이질 않는다. 길은 두 갈래인데 어느 곳으로 가야할지, 이른 아침이라 물어볼 사람도 없다. 쌀쌀한 기운에 우왕좌왕 헤매다 보니 몸이 더 웅크려진다. 이럴 줄 알았다면 어제 오후 마을을 둘러볼 때 가는 길을 미리 체크해 두는 건데…….

다행히 저만치서 차가 한 대 온다. 차를 세우려 손을 흔들면서도 내심 '저 차가 서줄까?' 싶었다. 요즘 우리 같으면 아무도 없는 새벽길에 누군가 손을 흔들어도 쌩하니 지나가는 게 보통이고, 세상이 워낙 험해지다 보니 그런 운전자를 매정하다고 탓할 상황도 아니다. 하지만 우리를 발견한 운전자가 슬금슬금 다가오는가 싶더니 행색을 보곤 묻지 않아도 길 방향을 알아서 가르쳐 준다.

운전자가 알려 준 방향으로 조금 걷다 보니 차도를 따라 왼쪽으로 산티아고 가는 길에 우리가 거쳐야 할 마을 표시가 되어 있다. 이정표가 가리키는 차도를 따라가는데 드문드문 지나는 차였지만 새벽길을 달리는 차들의 속도가 만만치 않

가도 가도 끝없는 지평선만 보이는 길이 지루하기도 하지만 가슴은 시원하다. 길 위에서 지치기도 하다 길 위에서 즐거움과 행복감도 만끽한다. 길 위에서 순박하고 따뜻한 사람들도 많이 만나게 된다. 간혹 지나가는 차들도 클랙슨을 울리며 손을 흔들어 격려해 주면 힘도 난다. 길에서 쓴맛 단맛 짠맛 매운맛 다 느끼게 된다.

아 갓길을 걸으면서는 바짝 긴장해야 했다. 한참 가다 보니 저 멀리 사람들이 걸어가는 모습이 보인다. 나중에 알고 보니 이정표가 가리키는 차도가 아니라 차도 건너 흙길로 직진했어야 했다. 컴컴한 새벽길에 왼쪽으로 가라는 이정표 – 자전거 여행자나 차량을 위한 – 만 보곤 걷는 자들을 위한 길은 미처 보지 못한 것이다. 물론 이 길로 가도 길은 연결되지만 걷는 내내 긴장해야 하고 걷는 맛도 없다. 무작정 들판을 가로질러 사람들이 보이는 곳을 향해 갔다. 보행자 도로로 접어드니 그제야 마음이 편해진다.

다음 마을인 칼자디야 데 라 쿠에자Calzadilla de la Cueza까지는 장장 17km, 지금껏 걸어온 길 중 가장 긴 구간이다. 게다가 중간에 마땅히 쉬어갈 곳도 없는 끝없는 벌판길이란다. 이렇듯 긴 구간을 오후에 걷게 되면 지치기 십상. 중간에 멈추고 싶어도 머물 곳이 없으니 어떻게든 이 구간을 걸어야 한다. 때문에 대부분의 순례자들이 카리온 데 로스 콘데스에서 묵고 다음 날 아침에 이 길을 걷는다.

이 길에선 물도 충분히 준비해야 하지만 화장실도 미리 다녀오는 것이 좋다. 아무것도 없는 넓은 벌판이라 급할 때 볼일을 보기도 좀 그렇다. 벌

판이 뻥 뚫려 있으니 앞뒤로 사람이 있나 없나 체크하기엔 좋다. 그러다 나무 하나라도 있으면 누군가의 용변 흔적이 남아 있다. 화장실이 없으니 몸 가릴 풀숲만 있으면 기다렸다는 듯이 안에서 볼일을 볼 수밖에.

마땅히 쉴 곳도 없는 벌판이려니 하고 단단히 마음먹고 걷는데 2시간 쯤 걸으니 컨테이너 박스에 간이 테이블과 의자를 준비해 놓고 커피와 빵, 음료, 소시지 등을 파는 사람이 있다. 다들 사막에서 오아시스를 만난 것처럼 반가워하며 배낭을 풀고 커피 한잔을 마시며 쉬었다 간다. 길디 긴 길목 한복판에 차려 놓은 만큼 값은 좀 비쌌다. 소시지 하나 달랑 넣어 주는 빵 하나에 5유로. 앉아서 쉴 데도 마땅치 않은데 그래도 중간에 이런 곳이 있으니 반갑다. 5월부터 10월까지 오전 6시부터 오후 3시까지 매일 운영한단다. 하지만 이곳에도 화장실은 없었다.

이 길목에서 말을 끌고 오는 사람도 보았다. 큰 말에 짐을 한가득 싣고 순례자의 상징인 가리비는 말 엉덩이에 달아 놓았다. 얼떨결에 주인을 따라 순례자의 길을 걷는 말을 보니 불현듯 투우장에 등장하는 말이 생각난다. 피카도르를 태우고 나오는 말의 두 눈은 천으로 둘둘 감아 앞이 전혀 보이지 않는다. 그런 상태에서 씩씩대며 달려드는 소에게 받히니 '도대체 이게 뭔 일이래' 싶을 게다. 그런 것처럼 긴 길을 끝없이 걸어야 하는 말도 '아니 이게 뭔 일이래'라며 투덜대진 않을까.

이 길을 걷기 전에는 나 자신을 돌아보는 대가로 고행길을 걷는 것인 줄로만 알았는데 막상 걸어 보니 그것만도 아니다. 가도 가도 끝없는 지평선만 보이는 길이 지루하기도 하지만 가슴은 시원하다. 길 위에서 지치기도 하다 길 위에서 즐거움과 행복감도 만끽한다. 길 위에서 순박하고 따뜻한 사람들도 많이 만나게 된다. 간혹 지나가는 차들도 클랙슨을 울리며 손을 흔들어 격려해 주면 힘도 난다. 길에서 쓴맛 단맛 짠맛 매운맛 다 느끼게 된다.

Travel information

오늘의 여행 정보

오늘 통과한 마을

카리온 데 로스 콘데스-(17.2km)-칼자디야 데 라 쿠에자-(6.2km)-레디고스-(2.8km)-테라디요스 데 로스 템플라리오스-(5.9km)-산 니콜라스 델 레알 씨에이

길의 특성

가도 가도 끝없는 벌판길이 이어진다. 특히 카리온 데 로스 콘데스에서 다음 마을인 칼자디야 데 라 쿠에자까지는 17km나 되는 긴 길이라 물과 간식거리를 충분히 준비하는 것이 좋다. 이 길목에는 화장실도 없다.

알베르게

산 니콜라스 델 레알 씨에이 마을에는 알베르게(Albergue Laganares)만 덜렁 있다. 숙박료는 7유로. 이곳에는 모텔 같은 분위기인 2인실(21유로) 하나가 별도로 마련되어 있기도 하다. 알베르게에서 바와 레스토랑을 운영. 저녁은 이곳에서 순례자 메뉴를 판매(7시 30분)한다.

On the 18 day 9월 28일

늦은 오후가 되면,
은근히 경쟁자가 되는 순례자들

산 니콜라스 델 레알씨에이  렐리에고스Reliegos 38.4km

이른 아침 알베르게만 덜렁 있는 마을을 벗어나 두 시간쯤 걸으니 사군Sahagun 마을. 제법 큰 마을이다. 마을에 들어서니 아담한 성당 앞에 순례자 조각상이 서 있다. 이 성당 옆에 알베르게가 있는지 눈에 익은 이들이 하나둘 나타난다. 다리를 건너 몇 걸음을 더 가니 구수한 빵 냄새가 난다. 갓 구워낸 따끈한 빵과 커피를 먹으니 아침 한기가 싹 가신다. 대부분 이곳에서 아침 요기를 하고 가는 듯했다.

마을 안쪽으로 들어서니 개선문처럼 생긴 돌문이 있다. 그 돌문 앞에 또 다른 성당이 있는데 성당의 작은 문에서 할머니 수녀님이 온화한 미소를 띤 얼굴을 내밀곤 성당을 구경하고 가라며 손짓을 해 보인다. 곁에서 볼 땐 아담한 것 같았는데 안에 들어가니 웅장하고 화려하다. 하지만 이곳에 놓인 의자를 보니 50여 명 정도나 앉을 수 있을까? 경건한 마음으로 기도할 마음이 절로 생기는 분위기다. 요즘 우리의 교회들은 어떻게든 몸 불리기에 애쓰는 모양새로 세간의 입방아에 오르기도 하건만, 이곳은 그런 욕심에서 벗어나 누구든지 맘 내키면 들어가서 기도할 수 있는 분위기가 좋다. 성당을 둘러보고 나오니 싸늘한 기운으로 곳곳에 서리가 내려앉았다. 성당 앞에 세워 놓은 빨간색의 작은 차에도 서리가 뽀얗게 덮여

있다. 배웅 나온 수녀님은 우리가 길 반대편으로 가니 저쪽이라며 길을 알려 주시며 순례자들이 행여 길을 잃을까 염려하는 눈빛이 가득하다.

사군을 벗어나니 넓은 차도와 나란히 평행선을 이루며 뻗은 비포장 도로가 펼쳐진다. 30분 가량 걷다 보니 두 갈래길. 왼쪽 길을 택하니 왕복 2차선 도로 옆으로 나란히 뻗어 있는 비포장 흙길이다. 흙길 옆으로 플라타너스 나무가 곧게 뻗어 있다. 차도라곤 하지만 차는 어쩌다 한 대씩 지나는 한적한 길이다. 들판이 워낙 넓어선지 하늘에서 보면 높은 빌딩도 장난감처럼 보이듯 저 멀리 지나가는 기차가 꿈틀꿈틀 기어가는 벌레 같다. 아침 10시경. 부드러운 햇살이 들판을 포근하게 덮은 모습을 보니 내 마음도 한결 따뜻해진다. 하지만 길가의 키 작은 풀들은 하나같이 악세다. 가녀려 보여도 하나같이 날 세운 가시를 품고 있다.

이 길목 들판엔 또다시 포도밭이 한 가득이다. 그 포도밭에서 아저씨 세 분이 한창 포도를 수확하는 중이었다. "올라!" 인사를 했더니 어디서 왔느냐 묻는다. 한국이라니 한 아저씨가 "오, 꼬레아 베리베리 굿"이라며 엄지손가락을 치켜든다. 우리를 위한 인사치레였겠지만 한국을 그리 좋다고 하니 기분은 좋다. 아저씨들은 밭에서 직접 딴 큼지막한 포도 2송이를 갖고 오더니 물병까지 갖고 와 씻어 준다. 미안해서 받기를 꺼려하니 "뽀꼬 뽀꼬, -조금이야, 조금.-" 하며 극구 안겨 준다.

여행객을 챙겨 주는 아저씨들의 마음이 고맙다.

아저씨들이 건네준 포도알을 오물오물 먹어으며 가는 길을 확인하는데……, '거 참 이상하네.' 들고 있는 거리표에는 사군에서 3km만 가면 칼자다 도 코토 Calzada do Coto 마을이, 그 마을에서 4.2km를 더 가면 칼즈 데 로스 에르마니요스 Calz de los Hermanillos 마을이 있다고 되어 있는데, 오면서 마을을 보지 못한 것 같다. 어쨌든 베르시아노스 델 레알 카미노까지 오다 보니 무려 10km나 쉬지 않고 온 셈이 되었다.

이 마을은 그리 크지도 작지도 않다. 우리의 시골 읍내 같은 분위기다. 곳곳에 아담한 정원이 있는 집 안 뜰에 심어진 사과나무에 사과들이 주렁주렁 탐스럽게 달려 있다. 배가 고프니 사과가 더 탐스럽게 보인다. 줄곧 걷기만 했더니 허기가 진다. 마을 안에 있는 바에 들러 딱딱한 바게트에 치즈와 하몽을 넣은 빵 - 내내 질리도록 먹었다. - 으로 점심을 해결했다. 오늘의 목적지로 잡은 렐리에고스 Reliegos 마을까지 가려면 앞으로 20km 가량은 더 걸어야 할 터. 가는 길에 허기질 것 같아 싸가지고 갈 요량으로 주문했는데 식당 주인과의 커뮤니케이션이 뭔가 잘못되어 큼지막한 빵을 세 개나 샀다. 이 딱딱한 빵은 걷는 도중 먹기는 부담스럽고 짊어지고 가자니 짐만 될 뿐이었다.

걷고 또 걷다 보니 어느새 오후 4시가 훌쩍 넘었다. 이 길에선 오후가 되어 시간이 지날수록 보이지 않는 경쟁이 펼쳐진다. 이 길에선 알베르게가 매우 중요하다. 하루 종일 걷다 지친 몸을 풀어 놓는 곳이기 때문이다. 아침엔 다들 여유가 있고 우아하게 "부엔 카미노 - 좋은 길 걸으라는 의미의 인사말 - "를 외쳐 주며 걷다가도 오후 3시가 넘고 4시, 5시가 되면 알베르게를 앞두고 은근히 서로 경쟁자가 되어 버린다. 늦으면 좋은 자리를 차지하기 힘들고 더 늦으면 자리가 없을 수도 있으니 배낭 풀 시간이 되면 다들 상대방보다 한 걸음이라도 앞서 가려고 은근히 걸음이 빨라진다.

오늘 수시로 마주친 노부부도 처음엔 여유 있게 웃음을 보이며 천천히 왔다. 그러다 알베르게에 거의 다 도착할 즈음 뒤돌아보니 점점 빨라지는 발걸음이 느껴진다. 할아버지는 나를 따돌리기 위해 그 긴 다리로 성큼성큼 걸어온다. 할머니도 그 뒤에서 열심히 걸어오신다. 웃음도 사라진 얼굴이다. 그러더니 할아버지가 나를 앞서자 그제야 할머니가 나를 보며 우아한 미소를 보낸다. 나도 할머니처럼 우아하면서도 묘한 웃음을 보냈다. 우린 이미 발 빠른 시어머니가 먼저 도착해서 자리를 잡아 놓았기 때문이다. 그러나 알베르게에 도착해 보니 의외로 빈자리가 많고 좋은 자리도 많이 남아 있었다. 그러다 보니 치열하게 경쟁하듯 걸어온 내 자신도 그 할아버지도 서로 웃었다. 쑥스러운 웃음이다. 그들도 내가 왜 웃는지, 나도 그들이 왜 웃는지 말 안 해도 잘 안다. 어제는 우리도 뒤에서 성큼성큼 걸어오는 사람들에게 추월당해 알베르게 자리를 뺏길까 싶어 경보하듯 걸음을 빨리했다. 몇날 며칠을 걷다 보니 그런 규칙은 누구나 다 알기에 말은 안 하지만 대부분 몸짓이나 발걸음만 봐도 우리 같은 심정이라는 걸 알 수 있게 된다. 아무리 도시에서 우아를 떨던 사람도 기본적인 욕구 충족 앞에선 원초적 본능이 어쩔 수 없이 드러나는 걸 보니, 그것도 웃음이 난다.

짐을 풀어 놓고 마을을 둘러보기 위해 나오는데 마을 입구에서 유난히 지쳐 보이는 미국인 할머니가 대뜸 묻는다.

"여기 알베르게는 시설이 어떻수?"

"그런대로 깔끔하고 괜찮던데요."

그러자 그 할머니, 다짜고짜 전투적인 말투로 "그 말에 책임질 수 있느냐"고

묻는다. 뭔 질문이 이렇다냐. 무언가에 대한 좋고 나쁨은 정답이 없건만. 나는 괜찮은데 그 사람에겐 그렇지 않다면 거짓말쟁이가 되는 거 아닌가. 은근히 걱정되는 마음으로 한발 물러서 "나는 괜찮은데 당신에게는 어떨지 모르겠다. 아직 빈자리는 많으니 가 보라"는 말만 해 주었다. 그리고 마을을 돌아보고 들어왔는데 할머니가 나를 보더니 아까의 말투와 표정과는 달리 우아한 미소로 엄지손가락을 처들어 보이며 "땡큐"를 연발한다. 맘에 든 모양이니 다행이다. 아주 기본적인 욕구를 충족시키고 나니 그 할머니도 다시금 우아한 모습을 되찾은 게다.

저녁 7시에 순례자 메뉴를 판다는 식당엘 갔다. 알베르게 사람들이 삼삼오오 모여 있다. 아직 시간이 안 되었음에도 미리 와 있는 걸 보니 다들 허기진 모양이다. 이런 시골 마을엔 메뉴판도 스페인어로만 되어 있다. 때문에 음식을 시킬 때도 뭐가 뭔지 도통 알 수가 없다. 하지만 고기 아니면 생선이 주 메뉴. 생선 요리를 시키고 싶을 땐 팔뚝을 휘저으며 헤엄치는 모습을 해 보이면 통하고, '음메~' 소리를 내거나 코를 위로 들어 올려 돼지코를 만들어 보이면 쇠고기나 돼지고기 요리가 나오니 그런대로 통한다. 그러다 한번 어긋난 적도 있다. 쇠고기를 생각하고 '음메~' 소리를 내니 알았다며 내온 음식이 어째 쇠고기가 아닌 듯했다. 나중에 손짓 발짓 그림까지 그려 보이며 확인해 보니 양고기였던 것이다.

순례자 메뉴에는 늘 와인이 곁들여졌다. 하루 종일 걷고, 샤워를 하고 난 후 마시는 와인은 언제나 짜릿했다. 내내 뻐근했던 몸이 와인 한 모금에 쫙 풀린다. 술은 전혀 못하시는 시어머니도 이곳 와인에 맛들여 몇 모금씩 즐기셨다. 와인 맛을 즐긴다기보다 와인으로 몸이 풀어지는 그 기분을 즐기신 게다. 하지만 오늘은 예외였다. 저녁을 먹고 있는데 시어머니의 머리가 점점 앞으로 기울더니 급기야 쿵 소리를 내며 식탁에 엎드리신다. 그리고는 꿈쩍을 안 하신다. 순간 어머니가 잘못되신 줄 알고 등줄기가 오싹하고 머리는 주뼛 섰다. 우리는 물론이고 주변에 있던 사람들도 놀라서 다들 시선이 쏠린다. 어찌된 일인가 싶어 흔들어 깨우니 다행히 잠시 뒤에 정신을 차리셨다. 몸도 노곤하고 으슬으슬 추운 김에 그만 와인 한 잔을 원 샷하듯 쭉 들이킨 탓이었다.

옆자리에 있던 동네 청년도 걱정스러운 눈빛으로 바라보다 돌다리가 말이 안 통해 '와인 때문에 그런 거니 걱정 말라'는 뜻으로 와인 잔을 들어 올리니 그 청년, 건배하자는 뜻으로 알아듣고 자기도 와인 잔을 치켜들어 보이더니 쭉 마셔 버리는 게 아닌가. 이런 코미디가 있나. 오늘 밤은 이런 코미디 같은 해프닝을 마지막으로 막을 내렸다.

Travel information

오늘의 여행 정보

오늘 통과한 마을

산 니콜라스 델 레알 씨에이-(7.4km)-사군-(3km)-칼자다 도 코토-(4.2km)-칼즈 데 로스 에르마니오스-(3km)-베르시아노스 델 레알 카미노-(7.8km)-엘 부르고 라네로-(13km)-렐리에고스

길의 특성

대부분 도로 옆으로 나란히 뻗은 흙길을 걷게 된다. 길가에 나무들이 줄줄이 있지만 심은 지 얼마 안 돼 보이는 듯 나무 그늘은 좀 시원찮다.

알베르게

렐리에고스 마을의 알베르게는 숙박료 4유로. 욕실 3개에 화장실 2개. 뜨거운 물도 잘 나온다. 하지만 세면대가 화장실 안에 같이 있어 좀 불편했다. 국제 전화가 가능한 전화기 구비. 알베르게 앞에 작은 바(Gil Bar)가 있는데 이곳에서 순례자 메뉴(8유로)를 판다. 길카페 뒤편으로 슈퍼도 있다. 특이한 것은 마을 곳곳에 와인 저장 창고(산 구릉을 파서 만든 지하 창고)가 여기저기 눈에 띈다.

산티아고 길의 대표 도시, 레온 속으로……

렐리에고스 　 레온León 26km

오늘도 어제처럼 왕복 2차선 도로 옆에 플라타너스가 길게 뻗어 있는 좁은 흙길이 펼쳐져 있다. 아침에 싸한 느낌이 들어 옷을 있는 대로 껴 입었더니 10분도 채 안 돼 답답하고 더운 느낌이다.

　1시간 30분 가량을 걸어 들어온 곳은 만실랴 데 라스 물라스Mansilla de las Mulas. 마을은 제법 커 보이는데 9시가 다 되어 가는 시간이건만 사람은 보이지 않는다. 집집마다 창문도 꼭꼭 닫혀 있다. 그 느낌이 꼭 서부 영화에나 나옴직한 폭풍 전야 같은 분위기다. 악당과 대결을 앞두고 거리에는 개미 하나 보이지 않는…….

　마을에 들어서니 큼직한 십자가 밑에 배낭을 풀고 쉬고 있는 남녀 순례자 조각상이 눈에 띈다. 그 뒤편에는 완전히 지쳐 거의 엎어져 있는 순례자 조각상도 있다. 이 마을에선 병원을 찾는 게 급선무였다. 다행히 이 마을엔 24시간 운영하는 응급실을 갖춘 병원이 있었다. 산티아고 길을 나선 초반에 쉬파리 같은 벌레에 물린 것이 화근이었다. 나는 한동안 가렵다가 그런대로 가라앉았는데 시어머니는 시간이 지날수록 악화되었다. 두드러기 같은 것이 온몸으로 퍼지는 것은 물론 점점 심해지는 가려움증으로 밤중엔 긁느라고 잠을 이루지 못하셨다. 한국에서 가

져간 약을 아무리 발라도 소용이 없었다. 벌레한테 한 번 물린 게 이렇게 오랫동안 고약을 떨진 미처 몰랐다. 마을 안에 있는 카페에서 빵과 우유로 아침을 먹다 카페 주인에게 병원을 물어보니 이 사람 저 사람 다 나서서 가르쳐 준다. 다들 스페인어로 뭐라 한마디씩 하는데 제대로 알아듣지 못해 고개를 갸웃거리며 묻고 또 물으니 주인이 아예 종이 쪽지에 약도를 그려 준다.

약도를 들고 찾아간 병원 응급실. 의사가 시어머니 몸을 살펴 보더니 이런 저런 질문도 없이 대번에 주사를 놔 준다. 순례자들 중 이런 증세로 찾아 온 사람들이 적지 않은 모양이다. 벌레에 물릴 때 침입한 균이 피를 타고 번진 거라며 주사를 놨으니 괜찮아질 거란다. 단 씻을 때는 더운물을 피하고 반드시 찬물로 씻으란다. 그나마 음식은 가려먹을 게 없다니 다행이다. 이럴 줄 알았다면 진즉에 병원을 찾을 걸……. 제법 큰 마을마다 병원이 있었건만. 게다가 주사를 맞은 후 얼마냐고 물으니 그냥 가란다. 이 길에선 순례자를 위해 간단한 의료 서비스가 무료로 시행된다고 한다.

내친 김에 나도 몸이 으슬으슬해서 약국에 들러 감기약을 사 두었다. 말이 안 통해 목을 잡고 콜록콜록 캑캑 하는 흉내를 내니 금세 감기인 것을 알고 두 가지 약을 내준다. 하나는 물에 풀어 거품을 내어 마시는 것이고 하나는 알약인데 어떤 걸 하겠느냐 묻는다. 알약을 집어 드니 4.70유로를 받는다. 걷다 보니 입술도 자꾸만 바짝바짝 말라붙어 립글로스(1.50유로)도 샀다.

마을 안내판을 보니 이 마을은 가장자리가 성벽으로 둘러져 있다. 세월이 흐르면서 성벽 바깥으로도 집이 생겼지만 오래 전엔 성벽 안에만 마을이 있었던 듯하다. 마을 끝 개울을 따라 몽글몽글한 돌로 쌓여진 높은 벽이 길게 둘러져 있는 모습이 독특하다. 돌벽 위 다리를 벗어나니 어느새 이 마을도 안녕이다.

우리의 건강을 챙겨 준 마을에서 6km쯤 걸으니 또다시 제법 큰 마을이다. 푸엔테 비야렌테 Puente Villarente란 곳으로 사설 알베르게도 있고 곳곳에 대형 패션 광고나 자동차 광고판도 눈에 띄인다.

이 마을 카페에서 빵을 먹고 있는데 먼저 들어섰던, 순례자 차림의 남자가 요기를 다 했는지 일어선다. 프랑스에서 왔다는 그는 빡빡 머리에 덩치는 레슬링 선수처럼 우람한데 얼굴은 장난기가 그득한 게 천진난만해 보인다. 그런 남자가 어디서 한국말을 배웠는지 자리에서 일어나더니 우릴 보고 "조는(좋은) 하루 되세요." 한다. 뜻하지 않은 그의 인사에 그가 문을 열고 나가려는 순간 "부엔 카미노" 하며 격려의 말을 던지니 그 남자 뒤돌아보며 씩 웃으며 하는 말.

"코마워. 안뇽~"

어눌한 발음이지만 어엿한 한국말로 그런 답사를 하리라곤 생각지도 못해 얼마나 웃었던지.

이제 14km만 더 가면 오늘의 목적지인 레온Leon이다. 부르고스에서 시작되어 레온까지 이르는 끝없는 들판길도 서서히 막을 내린다는 의미다. 레온을 앞두고 7km 전방에 있다는 발데라푸엔테Valdelafunete에 들어서니, 이 마을 역시 거리에서 사람은 찾아볼 수가 없었다. 마을 안에 알록달록한 미끄럼틀과 그네, 시소 등 놀이 시설은 몇 개 있는데 토요일 오후임에도 날이 흐려선지 정작 노는 아이들은 없다. 9월 하순, 오늘 거쳐 온 길목에서 가장 많이 눈에 띄었던 것은 옥수수밭이었다.

이 마을을 지나면서부터는 거리엔 온통 자동차 판매점과 자동차 서비스 공장이 줄줄이 놓여 있다. 각국의 자동차 브랜드 가운데 우리나라의 기아 마크를 단 가게도 있다. 그 거리 위 야트막한 언덕길로 올라가니 철조망에 십자가들이 주르륵 걸려 있다. 순례자들이 만들어 놓은 것들이다. 나뭇가지나 노끈, 철사로 만들어 놓은 것은 물론 양말 두 개를 가로세로로 교차해 만든 십자가 모양도 있고 목걸이로 만든 십자가도 있다. 이곳을 지나 도로를 끼고 7km 가량 가면 레온이다.

……

드디어 레온에 입성했다. 도시가 큰 만큼 알베르게 찾는 일도 쉽지 않았다. 이곳에도 새로 지은 사설 알베르게를 알리는 전단지들이 곳곳에 붙어 있었는데 다른 곳과 달리 24시간 개방한다는 문구가 눈에 띈다. 알베르게 사진 밑에 약도도 그려져 있긴 하지만 길이 복잡하다 보니 도통 어디가 어딘지 알 수가 없다. 알베르게를 찾다 포기하고 레온 중심가에 있는 성당부터 찾아갔다. 겉모습은 부르고스 성당이 훨씬 웅장한데 내부는 레온의 성당이 훨씬 화려하다. 성당 안에 있는 창문이란 창문은 모두 스테인드글라스로 장식되어 있고 높은 천장 끝까지 화려한 스테인드글라스로 도배되어 있다.

토요일 오후, 레온 성당에서 결혼식을 올리는 모습을 보게 되었다. 신부야 원래 이 날의 꽃이지만 여성 하객들의 옷차림이 더 인상적이었다. 하나같이 영화에서나 보듯 격조 높은 파티에나 어울릴 듯한 화려한 드레스 차림이다. 날이 꽤

나 쌀쌀함에도 어깨를 한껏 드러낸 초록색 롱 드레스를 입은 여인은 오들오들 떨면서도 스타일을 구길까 싶어 겉옷을 걸치지 않는다. 한 시간이 넘는 긴 결혼식은 매우 엄숙하고 화려했다. 우리와 달리 신랑 신부 옆에 양가 부모가 같이 서 있는 모습도 인상적이다. 성당 앞에는 다양한 손바닥 모양이 새겨진 조각품이 있는데 저마다 자기 손에 맞는 손바닥 모양에 대고 기도를 하는 모습들이다. 그 옆에는 조막만한 얼굴 인형이 있는데 코만 반질반질하다. 숱한 사람들이 코에 손을 대고 소원을 빈 모양이다.

기념품점과 레스토랑도 많은 성당 주변은 관광객도 많고 이 도시 젊은이들도 많다. 우리로 치면 명동이나 압구정동 정도 될까? 사람들 옷차림도 꽤 세련되어 보인다. 젊은이들이 많으니 확실히 도시 분위기가 활기찬 느낌이다. 레온은 길바닥에 앉아 있는 거인상, 늘씬한 여인상 등 도시 곳곳에 조각품도 많고 우윳빛 레이스를 두른 듯한 높은 빌딩도 참 예쁘다. 그동안 걸어오면서 200km가량 황량한 들판만

보다 공원이 보이고 빌딩도 보이고 작은 강변에서 카누를 타는 연인, 개를 데리고 산책 나온 사람 등 새로운 모습을 보니 갑자기 다른 세상에 들어온 느낌이다.

레온에서는 밤늦게까지 화려한 밤거리를 돌아다니고 싶어 귀가(?) 시간이 정해진 알베르게 대신 성당 주변에 있는 호텔에서 묵었다. 여장을 풀고 저녁 무렵 사람들에게 물어물어 파라도르 - 산 마르코스 수도원을 개조한 별 5개짜리 호텔 - 앞에 왔는데 이곳에서도 마침 결혼식이 끝난 모양이다. 파라도르 안팎으로 화려한 파티복 차림의 사람들로 바글바글하다. 그 틈에 있다 보니 우리의 행색은 상대적으로 더 꾀죄죄해 보였다.

그래도 파라도르 커피숍에서 커피라도 한잔 마셔볼까 싶어 들어갔는데 꾀죄죄한 옷차림에 먼지가 가득 앉은 경등산화 차림인 우리의 궁색한 행색 때문인지 호텔 지배인인 듯 보이는 중년 남자가 자꾸만 우리를 힐끔거리며 신경 쓰는 듯했다. 은근히 의심을 담은 낯빛을 한 그의 눈초리가 나 역시도 신경 쓰여 휙 돌아보고 그냥 나왔다. 이 옷차림에 차라리 큼지막한 배낭이라도 멨다면 순례자려니 했겠지만 배낭이 없으니 영락없이 옹색한 관광객이 된 것이다.

파라도르는 분위기는 고풍스러운데 상업적인 냄새가 물씬 풍기는 전형적인

호텔이란 느낌에 좀 실망스러웠다. 파라도르 정문 앞엔 십자가 밑에서 맨발 차림으로 하늘을 쳐다보며 쉬고 있는 지친 순례자 조각상이 있다. 그 옛날의 순례자도 힘든 길 끝에 이처럼 편안한 잠자리가 그리웠을까? 하늘을 보는 순례자의 모습이 내겐 들어가지 못하는 파라도르를 부러워하며 바라보는 것처럼 보인다.

Travel information

오늘의 여행 정보

오늘 통과한 마을

렐리에고스-(6km)-만실랴 데 라스 물라스-(4km)-비야모로스-(2km)-푸엔테 비야렌테-(7km)-발데라푸엔테-(7km)-레온

길의 특성

어제처럼 대체로 차도 옆으로 난 보행로를 걷는다. 중간중간 중소 도시 같은 분위기의 제법 큰 마을을 거친다. 9월에 걷는 이 길목엔 옥수수밭이 많다.

알베르게

레온에는 공용 알베르게와 사설 알베르게가 몇 개 있지만 우리는 레온의 밤거리를 둘러보고 싶어 레온 성당 주변에 있는 호텔에서 묵었다. 등급에 따라 숙박비는 2인 기준으로 50유로~90유로.

레온

레온은 부르고스와 함께 스페인 북부 지방의 대표적인 도시로 꼽히는 곳으로 요모조모 돌아볼 곳도 많다. 특히 13세기 후반에 지어진 레온 성당은 스페인의 3대 대성당 중 하나로 고딕 양식의 걸작으로도 꼽히는 건축물이다. 정식 명칭은 '산타 마리아 데 레글라'로 순례길에서 가장 아름답고 화려한 스테인드글라스를 보여 주는 성당이기도 하다. 성당 안에 들어서면 빛의 굴절에 따라 시시각각 변하는 매혹적인 빛에 감탄하게 된다. 아울러 레온에는 스페인 북부 지방에서는 좀처럼 볼 수 없는 가우디의 건축물(카사 데 보티네스)도 있다.

On the 20 day

9월 30일

깨끗한 호텔보다
수용소 같은 알베르게가 더 편한 길

레온 　 비야단고스 델 파라모 Villadangos del Páramo　21.8km

출발할 땐 여름 날씨처럼 더웠는데 어느새 날이 무척 쌀쌀해졌다. 어젯밤 비가 온 탓에 더 그런 느낌이다. 레온 사람들 옷차림을 보니 겨울 같은 느낌도 든다. 아침부터 이리저리 레온 거리를 걷고 있는데 누군가 뒤에서 내 어깨를 톡톡 친다. 엊그제 '알베르게가 좋냐 어쩌냐' 전투적인 말투로 꼬치꼬치 물어보던 할머니다. 우리를 만난 할머니는 너무나 반가워하며 "어젯밤엔 어디서 잤느냐"고 묻는다.

호텔에서 잤다니 "그럼 스탬프 못 찍었겠네." 하시며 산 이시드로 성당Basilica de San Isidro에 가면 스탬프를 찍어 준다고 알려 준다. 할머니 말씀대로 성당 안에 들어가니 노 신부님이 손을 맞잡으며 반갑게 맞이해 주며 직접 스탬프를 찍어 주고 사인까지 해 주신다. 성당에서 연륜 깊어 보이는 신부님께 스탬프를 받으니 느낌도 색다르다. 스탬프 한 번 뛰어넘는다고 뭔 일이 날 건 아니지만 알베르게에서 묵지 못한 관계로 스탬프를 받지 못해 아쉬워했던 참인데, 할머니가 좋은 정보를 알려 준 셈이다. 가는 게 있으면 오는 게 있다지만 뜻하지 않게 되로 주고 이자까지 붙여 말로 받은 느낌이다.

아침부터 날이 꾸물거린다 싶었는데 이곳저곳 둘러보다 보니 부슬부슬 비가

내리기 시작한다. 제법 굵은 빗방울이다. 우비를 뒤집어쓰고 다시 길을 나섰다. 비가 오니 우리뿐만 아니라 다른 이들도 배낭을 메고 그 위에 판초를 뒤집어쓰니 다들 뒤태가 낙타 등 같기도 하고 애 하나 업고 가는 모습 같다. 쇼윈도에 비친 그런 내 모습을 보고 얼마나 웃었는지. 하지만 촉촉이 내리는 빗길을 걷는 느낌이 좋았다. 비에 젖은 풀내음이 더욱 싱그럽게 다가온다.

레온을 빠져나가는 길목에서 화살표를 따라 오른쪽 언덕으로 오르니 여기저기 굴집이 있었다. 뭔가 싶어 다가서니 와인 저장고를 별장처럼 사용하는 곳이었다. 마침 문을 닫고 가려는 사람이 있어 "구경 좀 해도 될까요?" 하고 물으니 흔쾌히 승낙한다. 안으로 들어가니 굴속이 꽤 깊다. 좁고 긴 통로를 따라 수세식 화장실이 있는가 하면 와인 저장고, 소파까지 갖춰 놓은 거실, 주방 시설까지 요모조모 꾸며져 있다. 굴 안 곳곳에 접시로 벽장식을 해 놓은 모습도 아기자기하고 아늑했다. 이 굴속에 요런 공간이 숨어 있을 줄이야.

주인 아저씨 말에 의하면 이곳은 주말에 사람들과 어울려 와인 파티를 즐기며 노는 곳이란다. 이를테면 주말 별장인 셈이다. 하나하나 설명해 주던 아저씨는 우리를 위해 와인 한 병을 따서 잔에 일일이 따라 주기까지 했다. 조금 어두운 게 답답하긴 했지만 운치는 만점이다. 따끈한 벽난로에 음악을 틀어 놓으니 음악이 굴

안에 울려 퍼지며 웅장하게 들린다. 친절한 아저씨 덕분에 구경도 잘하고 스산한 날씨에 와인까지 한 잔 마시니 추위도 가시고 기분도 알싸한 게 좋다.

다시금 추적추적 내리는 빗속을 하염없이 걷던 중 푸엔테 라 레이나 알베르게에서 기타를 치며 신나게 노래하던 프랑스 아저씨를 만났다. 우리도 반가웠지만 아저씨도 우리에게 얼마나 반갑게 인사를 건네던지, 유난히 커 보이는 그의 배낭, 그 위엔 아저씨의 몸집 큰 기타도 여전히 대롱대롱 매달려 있다. 짐이 갈 길을 버겁게 만드는 건 다 아는 사실이지만 그 자체가 즐거운 짐이 있다. 아저씨의 기타가 그랬다. 카미노의 얼마나 많은 순례자들에게 즐거운 추억을 안겨 준 기타였던고! 없어도 되는 짐이지만 모두에게 즐거움과 추억을 선사해 준 아저씨의 기타는 값지기만 하다.

길 위에서 다시 만난 '기타맨' 아저씨는 불현듯 목에 건 가리비를 뒤집어 내게 보여 주었다. 조개껍질 안쪽에는 색 바랜 가족 사진이 코팅되어 있었다. "내 아내, 내 딸, 사위, 손녀딸……." 사진 속의 인물들을 하나하나 짚어 가며 알려 주던 아저씨는 "몸은 혼자 걷지만 마음은 항상 가족과 함께 걷는다"며 씨~익 웃어 보인다. 늘 '유쾌, 상쾌 통쾌'해 보이던 아저씨도 매순간 가족이 그리웠구나.

아저씨의 조가비 속 사진을 보니 문득 홀로 계신 엄마와 딸 생각이 난다. 우리가 오랫동안 집을 비울 때마다 썰렁한 집에 수시로 드나들며 쌓인 먼지를 닦아 주며 집단속을 해 주시는 우리 엄마. 기숙사 생활을 한다지만 이렇게 집을 나설 때마다 제대로 챙겨 주지 못하는 하나밖에 없는 딸. 나의 자유가 엄마에게는 짐이요, 딸아이에게는 외로움이 되니 길을 걷는 마음이 그리 개운치만은 않다. 더군다나 시어머니와 같이 걷는 길이다 보니 홀로 쓸쓸히 계실 친정 엄마 생각이 더욱 난다.

오늘 걸음을 멈춘 곳은 레온에서 출발해 22km 지점에 있는 마을인 비야단고

제법 굵은 빗방울이다. 우비를 뒤집어쓰고 다시 길을 나섰다. 비가 오니 우리뿐만 아니라 다른 이들도 배낭을 메고 그 위에 판초를 뒤집 어쓰니 다들 뒤태가 낙타 등 같기도 하고 애 하나 업고 가는 모습 같다. 쇼윈도에 비친 그런 내 모습을 보고 얼마나 웃었는지. 하지만 촉촉이 내리는 빗길을 걷는 느낌이 좋았다. 비에 젖은 풀내음이 더욱 싱그럽 게 다가온다.

스 델 파라모Villadangos del Paramo. 오늘도 알베르게에 거의 닿을 즈음 뒤에 오던 미국인 중년 부부가 열심히 따라오더니 이내 나를 추월하면서 웃음만 간신히 내보이고 앞에 가는 돌다리를 향해 발걸음을 더욱 재촉한다. 뒤에서 보니 앞서 가던 돌다리 또한 두 사람을 의식했는지 걸음이 더욱 빨라진다. 그 모습을 보니 또다시 웃음이 나온다.

알베르게에 들어서니 비 때문이었던지 몸이 으슬으슬하다. 샤워를 마치고 침낭 안에 들어가니 꼼짝하기가 싫어진다. 침낭이 이렇게 포근할 줄이야. 집에 돌아가서도 침낭에서 자고 싶으면 어쩌누.

알베르게에 주방 시설이 있긴 하지만 번거로워선지 대부분 근처에 있는 식당으로 저녁을 먹으러 나간다. 알베르게 앞 도로 건너편에 식당이 2개 있는데 알베르게 주인 말에 의하면 하나는 7시, 다른 하나는 8시가 저녁 식사 시간이란다. 모두들 '7시 집'으로 향했는데 일요일이어선지 아예 식당 문을 안 열어 다들 우왕좌왕하던 끝에 '8시 집'으로 몰려가 시간이 될 때까지 죽치고 앉아 기다렸다. 이렇게 많은 사람들이 와서 기다리면 시간을 당길 법도 하건만 이곳 사람들은 정해진 시간까지 꿈적도 않는다.

바를 겸한 식당에 순례자들이 주르륵 자리를 차지하고 앉아 있으니 바에 들어온 동네 사람들은 죄다 서서 음료수나 술을 마시며 담소를 즐기거나 텔레비전을 보고 있다. 8시에 식당 문이 열리면서 순례자들이 우르르 식당 안으로 들어가자 이젠 동네 사람들이 기다렸다는 듯 순례자들이 비워 놓은 자리에 우르르 앉는 모습에 슬그머니 웃음이 난다.

　저녁을 먹고 알베르게로 돌아오니 몇몇 사람이 벽난로에 불을 지펴 놓고 앉아 담소를 즐기고 있다. 우리에게 불을 쬐고 가라며 자리를 좁혀 주는 사람들. 처음에는 알베르게에 익숙하지 않아 불편한 점도 많았는데 이젠 알베르게가 내 집 같이 편하다. 어제 호텔에서 묵었을 때도 잠자리는 좀 편했을지 몰라도 마음은 영 딴 집에 머무는 느낌이었다. 같이 길을 걷던 사람들이 옆에 없으니 허전하기도 하고 갑자기 그들과 동떨어진 느낌이 들면서 기분이 이상해지기까지 했다. 하룻밤 새에 그들이 그리웠다. 습관이란 게 이렇게 무섭다.

Travel information

오늘의 여행 정보

오늘 통과한 마을

레온-(4.6km)-트로바호 델 카미노-(2.7km)-비르겐 델 카미노-(6.7km)-산 미구엘 델 카미노-(7.8km)-비야단고스 델 파라모

길의 특성

레온을 빠져나와 초입에 약간의 오르막길이 있지만 대부분 마을과 마을을 잇는 도로 옆으로 난 보행로를 걷게 된다. 하지만 레온을 지나고 나서는 숲길, 마을 옆길 등이 다양하게 펼쳐져 지루하지 않다.

알베르게

비야단고스 델 파라모에서 묵은 공용 알베르게는 마을 초입 도로변에 있다. 아담한 잔디밭에 노르스름한 지붕이 예쁜 곳이다. 숙박료는 5유로. 입구에서 오른쪽에 있는 방은 1층 침대만 있고 왼쪽 방은 3층 침대로 오른쪽 방이 훨씬 편안한 느낌이다. 주방 시설도 갖춰져 마을에서 재료를 사다 음식을 직접 해 먹을 수도 있다.

On the 21 day
10월 1일

짙은 안개 속,
그 빈 풍경에 취하다

비야단고스 델 파라모 🥾 아스토르가 Astorga **27.1km**

어제는 하루 종일 비가 내리더니 오늘은 다행히 비는 멈췄지만 안개로 자욱하다. 마을을 벗어나니 보행로 오른쪽엔 차도, 왼쪽엔 수로가 길게 나 있다. 수로 건너편은 온통 옥수수밭이다. 순례자들이 걷는 비포장 흙길은 양쪽으로 사람들이 걷는 부분만 자동차 바퀴 자국처럼 다져져 있고 가운데는 돌멩이로 그득하다. 그러다 보니 뒤에 걷는 이들도 양쪽으로 나뉘어 두 줄로 띄엄띄엄 지나간다. 다음 마을인 산 마르틴 델 카미노 San Martin de Camino 로 가는 길목은 여전히 안개로 덮여 있다. 몇 걸음만 뒤처지면 코앞에 가던 사람도 이내 안개 속에서 사라진다. 길은 제대로 안 보였지만 안개 속 풍경이 참 좋았다. 안개 속 풍경이 아름다운 건 아마도 잡다한 것, 너저분한 것 등이 적당히 가려지고 그 빈 풍경을 그리운 추억으로 채울 수 있기 때문이 아닐까 하는 생각이 든다. 안개 길을 걷다 보면 마음 속 티끌도 안개 속 풍경처럼 슬그머니 사라지는 느낌이다.

산 마르틴 델 카미노에는 알베르게가 3개나 있다. 마을도 어제 잤던 곳에 비해 더 큰 것 같다. 이곳에서 6km쯤 더 가면 나오는 오스피탈 데 오르비고 Hospital de Orbigo 는 마을 입구에 놓인 긴 다리가 인상적이었다. 마을로 들어서는 돌다리 길이

안개 속 풍경이 아름다운 건 아마도 잡다한 것, 너저분한 것 등이 적당히 가려지고 그 빈 풍경을 그리운 추억으로 채울 수 있기 때문이 아닐까 하는 생각이 든다. 안개 길을 걷다 보면 마음 속 티끌도 안개 속 풍경처럼 슬그머니 사라지는 느낌이다.

가 200m는 족히 되는 듯 보였고 아치형으로 부드럽게 이어진 모양새가 근사하다. 다리 밑으론 넓은 잔디밭이 펼쳐져 있고 다리 위에 설치된 가로등도 예뻤다. 마을도 참 예쁘다.

이 마을에도 알베르게가 3개 있다. 다리를 거의 건널 즈음 오른쪽으로 공용 알베르게가 있고 다리 건너 마을 안쪽에 사설 알베르게가 2개 더 있다. 이 가운데 파로큐이랄Parroquial이란 간판이 달린 알베르게는 정말 예쁜 집이었다. 아담하지만 꽃과 나무로 가꾼 마당 하며 꽃으로 장식된 창문도, 우물이 있는 뒷마당도 근사하다. 다들 이곳에 들러 알베르게를 구경하고 그 집 정원에서 기념사진을 찍기까지 했다. 그러다 보니 그동안 알음알음 알아 온 이들이 한자리에 모여 다들 카메라를 돌려 가며 단체 기념사진을 찍기도 했다. 걷는 일정이 맞아 떨어져 이곳에서 하루 묵어 갔더라면 좋았을걸…….

아쉬움을 뒤로하고 이 마을에서 ─ 다리 건너자마자 왼쪽에 자리한 식당 ─ 아침을 먹었다. 우리뿐만 아니라 대부분 이곳에서 아침 식사를 했다. 그동안 딱딱한 빵만 먹어 오다 갓 구워낸 토스트를 먹으니 부담이 없어 좋았다.

토스트와 커피로 아침을 먹는 중에 어제 내 옆 자리 침대에 있던 일본 아저씨가 들어오는데, 그리 밝지 않은 표정이다. "어디 아파요?" 하고 물으니 가려워서

미칠 것 같다며 드문드문 벌겋게 부어오른 팔뚝을 내밀어 보인다. 보아하니 증상이 벌레에 물려 가려움증에 시달렸던 시어머니와 비슷했다. 시어머니도 그런 증상으로 고생하다 병원에서 주사를 맞고 괜찮아졌으니 우선 병원부터 가라고 일러 주었다. 식당 주인에게 물으니 다행히 이 마을에도 병원이 있단다. 그 참에 일본 아저씨는 이곳에 있는 오스탈에서 머물며 병원에 간다며 아예 오늘의 여정을 접었다.

이 예쁜 마을에서 산티바네즈Santibanez 마을을 지나면 다음은 산 후스토 데 라 베가San Justo de la Vega 마을. 8km가량 되는 비교적 긴 구간이다. 가다 보면 오른쪽에 차도를 끼고 오르막 언덕길을 한참 올라가야 한다. 언덕길은 흙길이 아닌 쩍쩍 갈라진 오래된 아스팔트 길이다. 긴 언덕길 정상에 오르니 다소 숨이 가쁘다. 그러고 보니 한동안 대체로 평지만 걸어왔던 터다. 배낭을 풀고 잠시 쉬었다가 다시 일어서니 산 후스토 데 라 베가 마을이 5km 남았다는 표시가 보인다.

이 마을에 들어서기 직전에 있는 또 한 구비의 언덕 위엔 대형 십자가가 서 있다 십자가 언덕에서 내려다보니 산 후스토 데 라 마을과 그 뒤로 아스토르가Astorga 마을이 보인다. 마치 코앞에 있는 것처럼 보이지만 4km는 족히 되는 거리라 한참 걸어야 한다.

오늘의 목적지는 아스토르가. 듣자 하니 매년 6월 초가 되면 마을 사람 모두가 중세 시대 복장을 하고 그 시대를 재현하는 축제를 여는 곳이라고도 한다. 이 마을엔 가우디의 초기 건축물도 있단다. 아스토르가에도 알베르게가 여럿 있는 모양이다. 마을 입구에 들어서자마자 사설 알베르게가 하나 있고 조금 더 가면 알베르게가 있다는 표시가 또 있다.

이 부근에서 철길을 가로질러 약간 가파른 언덕길을 올라오면 양 갈래 길이 나온다. 왼쪽으론 가리비 표시가 있고 오른쪽으론 노란 화살표가 되어 있다. 둘 다 순례자의 길 표시이니 어디로 가도 상관은 없다. 하지만 이곳 알베르게에서 묵을 예정이라면 왼쪽으로 가는 것이 좋다. 왼쪽 길로 가다 보면 공용 알베르게가 나오는데 이곳에선 공용 알베르게가 사설 알베르게보다 훨씬 나은 것 같다.

오늘은 알베르게에서 처음으로 밥을 해 먹었다. 그동안 이 길에서 혼자 걷다 며칠 전 우리를 만나 줄곧 동행하던 한국 아주머니가 해물탕을 끓여 주신단다. 그런데 오늘따라 알베르게 주방에서 요리를 해 먹는 이가 많아 주방이 시끌벅적이다. 음식도 지지고 볶고, 제각각 먹을거리를 만드느라 주방 안도 지지고 볶는 형국이다. 그 와중에 호주에서 온 젊은 남자는 피망을 볶던 기름이 튀어 머리를 데이기까지 했다.

다른 사람들의 요리는 간단한데 우리가 만드는 요리는 밥하고 해물탕만 하는데도 재료가 많아 손도 많이 가고 시간도 많이 든다. 해물탕이 보글보글 끓으면서 나는 냄새도 요란하다 보니 다들 뭘 만드나 싶어 흘끔흘끔 들여다보기도 하고 맛 좀 보자는 사람도 있었다. 무엇보다 큰 그릇이 두세 개 밖에 없는데 그 중 두개를 우리가 차지하고 보니 미안하기도 했다. 그렇게 눈치 보며 만든 음식을 동양 사람들이 우르르 모여 - 내게 모자를 빌려갔던 한국 여인이 또 있었다. - 먹는 게 또 신기한지 다들 쳐다보니 민망하다. 그래도 얼큰하고 구수한 해물탕 국물과 밥을 먹으니 속도 개운하고 든든하다.

Travel information

오늘의 여행 정보

오늘 통과한 마을

비야단고스 델 파라모-(4.3km)-산 마르틴 데 카미노-(6.3km)-오스피탈 데 오르비고-(5.1km)-산티바네즈-(8km)-산 후스토 데 라 베가(3.4km)-아스토르가

길의 특성

비야단고스 델 파라모 마을을 벗어나면 보행로 오른쪽엔 차도, 왼쪽엔 수로가 길게 나 있다. 수로 건너편은 온통 옥수수 밭이다. 마을 자체도 예쁘지만 마을로 들어서는 긴 아치형 돌다리가 인상적이다. 오스피탈 데 오르비고에서 산티바네즈 마을을 지나 산 후스토 데 라 베가 마을로 가는 길목에는 긴 오르막 언덕길을 올라가야 한다.

알베르게

아스토르가에서는 우리가 확인한 알베르게만 해도 3개나 된다. 우리가 묵은 곳은 공용 알베르게(Stervas de Maria)로 시설도 깔끔하고 화장실도 비교적 넉넉하다. 주방 시설이 있고, 알베르게 근처에 큰 슈퍼가 있어선지 식당에서 먹는 이보다 직접 해 먹는 이들이 많았다. 숙박료는 5유로.

아스토르가

우리의 읍 정도 되는 규모지만 요모조모 둘러볼 만하다. 마을 둘러싸고 있는 낡은 성벽을 따라 걸어 보는 것도 좋고 광장 앞에 있는 성당에서는 시간만 되면 종 탑 앞에 서 있는 남녀 인형이 망치로 때려 종을 치는 모습도 재미있다. 이 마을엔 모양도 예쁘고 맛도 다양한 초콜릿을 판매하는 가게들이 유난히 많다. 가우디가 초기에 짓다만 건물인, 성당 주교관은 현재 순례 박물관으로 활용되고 있다. 4월~9월은 10시, 10월~11월은 11시 오픈. 월요일 휴관.

흥가이기도 하고
한 장의 그림 같기도 하고

아스토르가 ➡ 엘 아세보 El Acebo **37.3km**

아스토르가에서 4.6km 지점에 있는 무리아스 데 레치발도 Murias de Rechivaldo 마을을 지나면서부터는 차도가 없어지고 들판길이 펼쳐진다. 잡목들이 가득한 야트막한 산등성이, 하늘엔 잿빛 구름이 가득하다. 새소리, 벌레 소리조차 나지 않는 고요한 이 길 위에선 걷는 이들의 발자국 소리와 옷깃 스치는 소리뿐이다.

그 길을 따라 한 시간 남짓 걸어 나오는 마을로 들어서는데 초입에 한 아저씨가 열심히 지팡이를 깎고 있다. 순례자들에게 팔 요량으로 만들고 있다고 했다. 하나 팔아 드리고도 싶었지만 내겐 그닥 지팡이가 필요하지 않았고, 가져온 스틱도 오히려 짐만 될 뿐이었다.

인사만 드리고 아저씨를 지나쳐 좁은 길을 따라 들어가니 마을 안에 카페가 두 개 있는데 알베르게도 같이 운영한다. 첫 번째 알베르게는 문 앞에 숙박 3유로, 저녁 메뉴 7.50유로라 쓰여 있었다. 이처럼 아예 저녁을 해 주는 알베르게가 먹는 데에 신경 쓰지 않아 편하고 좋다. 몇 걸음 더 걸어 왼쪽의 좁은 돌담 사이로 들어서니 공용 알베르게가 또 있다. 전망도 좋고 잔디밭도 넓은 것이 좋아 보인다.

이곳은 마을 전체가 돌담으로 형성된 것이 마치 제주도의 토속 마을 같은 분

위기다. 그 가운데 어떤 집은 파란 대문에 문고리를 대신해 조막만한 손 모양의 청동 조각품이 달려 있는데, 팔찌도 끼고 매니큐어까지 칠해 한껏 멋을 부린 모습이 재미있다.

 그 다음에 들어선 엘 간소El Ganso 마을에선 종탑이 달린 작은 교회가 유난히 눈에 띄었다. 교회 옆으로 난 좁은 돌문으로 들어가면 좁고 낡은 나무 계단을 따라 종탑까지 오를 수 있다. 그곳에 오르면 평화로운 분위기가 물씬 풍기는 마을이 한눈에 들어온다. 7km가량을 더 걸어 들어선 라바날 델 카미노Rabanal del Camino 마을의 작은 성당은 입구가 문 대신 커튼 막으로 둘러져 있었다. 안으로 들어서니 한 켠에 철창살로 된 작은 공간이 있었고 그 안에 성물들이 들어 있다. 이곳은 성물 하나하나가 다 조각품이요 보물 같다. 이 마을에도 알베르게가 세 개나 된다. 그리 큰 마을이 아님에도 큰 성당을 비롯해 바, 약국 등 구색이 제법 갖춰져 있다.

길가에 주렁주렁 달린 사과도 탐스럽다. 이 마을에서 점심 삼아 간단히 요기를 했다. 셋이 먹을 분량으로 토스트 2개, 바나나 3개, 오렌지 주스 3개, 커피 한 잔을 시켰는데 9.70 유로. 점심을 먹고 나니 오후 2시가 갓 넘은 시간. 아직은 좀 이르다 싶은 시간인데 대부분의 사람들이 이 마을에서 멈추는 듯했다. 그 이유는 나중에서야 알았지만, 이 마을을 지나면서부터는 은근히 가파른 산길의 연속인데다 거대한 산을 넘는 동안 지나가는 마을의 알베르게는 머물고 싶은 마음이 내키지 않는 곳이었다. 대개 이곳을 난코스라 생각하여, 산 밑에 있는 이 마을에서 쉬고 다음 날 아침에 기운 날 때 넘어가는 경우가 많았다. 우리는 그 정보를 미처 몰랐기에 이 마을을 지나쳤는데 그 덕분에 고생을 좀 했다.

라바날 델 카미노에서 다음 마을이 5.6km 지점에 있길래 좀 더 가보기로 했다. 마을을 지나니 사람 키 높이만한 풀들이 우거진 좁은 오솔 숲길이다. 그 길을 따라 걷는데, 초반에는 그리 가파르지 않아 산을 넘는다는 느낌이 별로 없었는데, 갈수록 한없이 오르는 길이라 은근히 힘이 들었다.

마을에 거의 들어설 즈음엔 길이 다소 가팔랐다. 길바닥엔 편편하고 넓적넓적한 것이 삼겹살을 구워 먹기 딱 좋을 만한 돌들이 널려 있다. 산꼭대기 마을인 폰세바돈Foncebadon엔 알베르게가 2개 있었다. 하지만 몇 안 되는 주변의 집들은 거의 다 폐허가 된 상태. 지붕은 날아가고 담장만 남아 있거나 대문이 뜯겨 나간 모습으로 순례자들을 위한 알베르게만 남아 있는 분위기였다. 알베르게 바로 밑 완전히 폐허가 된 집 지붕에는 별별 것이 다 들어서 있다. 돌멩이는 물론 널빤지에 천 조각, 자동차 앞 유리판까지 올라 앉아 있다. 그 사이로 잡초까지 듬성듬성 나

○ 돌멩이는 물론, 널빤지에 천 조각, 자동차 앞 유리판까지 올라 앉아 있다. 그 사이로 잡초까지 듬성듬성 나 있다. 집 뒤로 돌아가 보니 염소들이 곳곳에 올라 지붕을 뜯어 먹고 있다. 염소들 때문에 구멍이 난 지붕을 온갖 잡동사니로 대신한 것이었다. 흉가 분위기이면서도 한 장의 그림 같은 아이러니한 분위기다.

있다. 집 뒤로 돌아가 보니 염소들이 곳곳에 올라 앉아 지붕을 뜯어 먹고 있다. 염소들 때문에 구멍이 난 지붕을 온갖 잡동사니로 대신한 것이었다. 흉가 분위기이면서도 한 장의 그림 같은 아이러니한 분위기다.

힘들긴 했지만 그리 머물고 싶은 마음이 들지 않아 이 마을마저 그냥 지나치려 하니, 다른 이들이 오후 4시가 넘은 시간에 우리가 마을을 통과하는 걸 보고 혀를 내두른다. 그것도 나중에 알고 보니, 4km 지점에 있다는 알베르게는 이보다 더 심한 상태라 거의 쉴 수 없는 곳이었다.

순례자를 위한 거리표에 폰세바돈에서 2km 더 가면 나온다는 크루즈 데 이에로Cruz de Hierro는 마을도 아닌 것이 수북이 쌓인 돌 더미 위에 전봇대처럼 삐죽하게 서 있는 나무 기둥 끝에 십자가만 덜렁 있는 곳으로 잠잘 곳은커녕 먹을 곳도 없었다. 이곳은 그 옛날 켈트 족 사람들이 이 길을 지나면서 자신의 안전과 소원을 빌며 하나 둘 돌을 쌓은 것에서 유래되었다고 한다. 그런 연유로 지금도 많은 순례자들이 이곳을 지날 때 돌을 얹어 놓고 저마다 소원을 비는 곳이기도 하다. 이곳은 돌뿐만이 아니라 순례자들이 남기고 간 사연이 담긴 쪽지나 물품들이 널려 있다.

이곳에서 돌멩이도 얹어 놓고 나름 소원도 빌면서 서 있는데 관광버스 두 대가 나타나더니 길 위에 사람들을 줄줄이 쏟아 놓는다. 관광객들에게도 이곳이 명소이긴 한 모양이다. 갑자기 나타난 사람들로 웅성대니 정신이 없어 좀 전의 경건했던 마음이 사그라진다. 분위기도 어수선하고 시간도 늦어 서둘러 빠져나왔다.

이곳에서 2km가량 더 가면 나오는 만하린Manjarin에 알베르게가 있다는 표시가 되어 있어 거기서 묵을 요량으로 부지런히 걸었는데, 산속에 집 하나만 덜렁 놓여 있다. 그것도 알베르게라기보다 대피소 같은 분위기다. 어두침침한 헛간 같은 분위기에 놓인 몇 안 되는 매트리스엔 군데군데 개털에 닭털까지 있다. 가라앉은 두드러기가 다시 불쑥불쑥 올라올 것 같은 느낌이다. 게다가 씻을 곳도 없고 세탁할 곳도 없다니. 내가 본 알베르게 중 최악이었다. 그런데도 값은 6유로나 된다. 더군다나 분위기를 보아하니 덩치 좋은 젊은 남자들 서너 명만 있는 것이 왠지 느낌이 안 좋았다.

이곳만 생각하고 험한 산간 마을을 지나 내달아 왔는데 이게 웬일이람……. 땀을 한 바가지나 흘렸는데 씻지도 못하고 빨래도 못하고. 딱히 할 것도 없는데 잠잘 때까지 우두커니 있기도 뭐해 차라리 걷는 게 낫다 싶어 길을 나서긴 했는데 암담했다. 다음 마을인 엘 아세보El Acebo까지는 무려 6.8km나 되니 5시가 훌쩍 넘어버린 이 시간엔 결코 만만치 않은 거리였다. 게다가 다음 마을까지 갔는데 방이 없다거나 또 이런 곳이라면 어쩌누 싶어 걱정도 됐다.

심란했다. 그렇게 잠시 머뭇거리던 참에 저만치서 수십 명의 사람들이 우르르 걸어온다. 아까 관광버스에서 내렸던 사람들이다. 그네들은 이 길을 버스로 이동하다가 걷기 좋은 코스에서 어느 정도 걷다 다시 버스를 타고 이동한다고 했다. 그 사람들이 줄줄이 길을 점령했다. 다른 때 같으면 그렇게 무리지어 다니는 사람들이 번거롭게 느껴졌겠지만 어둠이 가라앉은 심란한 상태에서 그들을 보니 오히

하늘이 맞닿은 언덕이 보이면 이제 내리막길이겠거니 했는데 또다시 은근한 산 언덕길. 몇 구비를 넘어 드디어 정상에 섰을 때, 산자락 아래 폭 파묻힌 마을을 보니 집들이 하나같이 깔끔하고 예쁜 게 달력에서나 봄직한 풍경이다. 해는 이미 넘어가 사방이 어슴푸레했지만 마을에서 새어나오는 불빛이 참 예뻤다.

려 반갑다. 정적이 깃든 이 산 속에 덜렁 우리만 있었으면 더 서글펐을 것 같다.

그 귀신같은 집을 지나 힘들게 걷긴 했지만 고생한 보람이 있다. 하늘이 맞닿은 언덕이 보이면 이제 내리막길이겠거니 했는데 또다시 은근한 산 언덕길. 몇 구비를 넘어 드디어 정상에 섰을 때, 산자락 아래 폭 파묻힌 마을을 보니 집들이 하나같이 깔끔하고 예쁜 게 달력에서나 봄직한 풍경이다. 해는 이미 넘어가 사방이 어슴푸레했지만 마을에서 새어 나오는 불빛이 참 예뻤다.

마을에 들어서자마자 눈에 띄는 알베르게에 들어갔다. 다행히 자리가 있단다. 알베르게에 들어서는 순간 살 것 같은 느낌이었지만 그제야 긴장이 풀려선지 서 있기도 힘들었다. 오늘 걸은 거리는 무려 37km가 넘는다. 그냥 37km가 아니다. 애초에 작정하고 온 게 아니라 어쩔 수 없이 온 길이라 그런지 100km는 걸은 느낌이다. 그래도 잠잘 곳이 있다는 게 얼마나 고마웠던지.

Travel information

오늘의 여행 정보

오늘 통과한 마을

아스토르가-(4.6km)-무리아스 데 레치발도-(4.9km)-스타 카탈리나 데 소모자-(4.2km)-엘 간소-(7km)-라바날 데 카미노-(5.6km)-폰세바돈-(2km)-쿠르즈 데 이에로-(2.2km)-만하린-(6.8km)-엘 아세보

길의 특성

아스토르가에서 4.6km 지점에 있는 무리아스 데 레치발도 마을을 지나면서부터는 차도는 없어지고 잡목들이 가득한 들판이 펼쳐진다. 라바날 델 카미노 마을까지는 마을과 마을 사이를 지나는 평지지만 라바날 델 카미노 마을을 지나면서부터는 은근히 가팔라지는 산길이다. 해발 1200m~1500m를 넘나드는 거대한 산길을 줄창 걸어야 하므로 아스토르가에서 출발했다면 라바날 데 카미노에서 묵는 것이 좋다.

알베르게

엘 아세보 마을에는 알베르게가 두 개 있다. 하나는 공용 알베르게고 하나는 사설 알베르게다. 우리는 첫 번째에 있는 사설 알베르게에서 묵었다. 숙박료는 5유로. 알베르게 안에 욕실과 화장실이 두 개씩 있고 1층에 화장실이 또 있다. 이곳은 식당도 운영하는데 정해진 메뉴뿐만 아니라 이것저것 다양한 음식을 시켜 먹을 수 있다. 주인 아가씨도 상냥하고 친절했다. 배고픈 김에 이것저것 시키니 그러면 양이 많다며 덜 시키게 한다. 그녀 말대로 하지 않았다면 정말 음식이 남을 뻔했다. 이래저래 고마워 한국에서 가져온 열쇠고리를 선물하니, 예쁘다며 가게에 달아 놓겠다고 한다.

On the 23 day 10월 3일

고무줄처럼 늘었다 줄었다, 묘한 산티아고의 이정표

엘 아세보  카카벨로스 Cacabelos 27.3km

아침 7시가 넘도록 사람들이 일어날 기미를 보이질 않는다. 살금살금 짐을 싸다 7시 30분이 넘은 터라 모르는 척하고 불을 켰다. 그랬더니 그제야 다들 부스스 일어나 짐을 싸기 시작한다. 어제 저녁 빨아 널어놓은 옷들이 덜 말라 축축하다. 덜 마른 빨랫감들을 배낭 여기저기에 매달곤 - 이렇게 하면 걷는 동안 다 마른다. - 길을 나섰다.

차도로 이어진 넓은 아스팔트 길. 내리막길 언덕에서 산자락 밑을 내려다보니 멀리 산자락이 겹겹이 둘러져 있고 그 안에 또 다른 마을이 폭 파묻혀 있다. 안개가 솜이불처럼 포근하게 감싸고 있는 마을 곳곳에서 노르스름한 불빛이 반짝반짝 새어나오는 것이 마치 크리스마스 트리 장식품 같다. 정말 멋진 풍경이다. 그 맛에 걷는 발걸음도 절로 신이 난다.

불빛이 반짝이던 마을은 리에고 데 암브로스 Riego de Ambros. 이 마을은 입구에 들어설 때만 해도 그다지 커 보이지 않았는데 안으로 들어설수록 길을 따라 옹기종기 모여 있는 집들이 제법 많다. 집마다 문 색깔도 다르고 베란다나 창가 풍경도 개성 만점이라 골목을 거닐며 집들을 구경하는 재미가 쏠쏠하다. 마을 안에 알베르게와 바도 있고 빈집도 더러 있다.

이 마을을 지나면서부터는 가파르고 좁은 내리막 산길이 이어진다. 그 길을 따라 1시간 남짓 내려오면 몰리나세카Molinaseca 마을. 달력이나 엽서에서 보아 왔던 전형적인 유럽의 시골 마을 모습이다. 이곳은 알베르게를 비롯해 카페, 레스토랑을 겸한 호텔, 병원도 있는 제법 큰 마을이다. 마을에 들어서자마자 보이는, 예쁜 아치형 돌다리 옆에 있는 카페에서 빵과 커피로 아침을 먹었다.

상큼한 아침 식사를 마치고 마을 앞 차도를 따라 걷다 보니 재미난 그림 지도판이 서 있다. 숙박 업소의 일종인 카사 - 이름은 카사 루레알레로 - 하나가 칠판만한 공간에 자기네 집은 제일 크게 그려놓고 그 뒤로 공간 감각을 살려 뉴욕과 런던, 모스크바 등 유명 도시들을 코딱지만하게 배치했는데 지역 특성에 맞춰 런던에는 비가 주룩주룩 내리는 모습을 그려 놓은 것이 재미있다.

몰리나세카 마을에서부터는 거의 평지길이다. 왼쪽으로 돌아보니 어제 저녁 우리가 넘어온 산이 구름에 가득 싸인 채 아스라이 보인다. 산을 넘기 전에 묵으려다 집이 더러워 본의 아니게 늦은 시간까지 있는 힘을 향해 걸어오던 생각도 아스라이 보이는 산처럼 아득하다.

이곳을 지나 다음 마을을 향해 걷던 중 또다시 버스에서 내려 우르르 지나가는 관광객 한 무리와 만났다. 어제 본 사람들은 아니었다. 상기된 표정으로 걷는 그들의 등에 매달린 배낭은 하나같이 유치원생에게나 어울릴 법한 아기 배낭이다. 나도 저런 작은 배낭을 메고 간다면 얼마나 좋을까. 게다가 앙증맞은 그들의 배낭에는 예쁜 꽃이 꽂혀 있건만 무지막지한 내 배낭엔 덜 마른 양말과 팬티, 티셔츠

등이 주렁주렁 매달린 행색이라니……. 민망했지만 오늘 안에 빨래가 다 말라야 하니 어쩔 수 없다.

한동안 그들 무리와 뒤섞여 걷다 보니 작은 마을이 또 나온다. 마을을 지나면서 문이 열린 곳이 있기에 우연찮게 들여다보니 포도주를 만드는 지하 창고인 듯 보였다. 문밖에서 훑어보다 계단 아래에 계시던 할아버지와 눈이 마주쳤다. "올라!" 인사를 드리며 들어가 봐도 되겠냐는 몸짓을 해 보이니 손짓을 하며 내려오

란다. 안에서 찬찬히 둘러보니 한쪽에 놓인 대형 드럼통에는 한가득 들어 있는 포도가 한창 발효 중이었고 그 옆에는 발효된 포도즙을 거르는 장치가 있다. 그리고 그것에서 연결된 가느다란 호스를 따라 맑은 포도즙이 흘러나왔다. 생각지 못했던 구경도 하고 즉석에서 짜낸 포도주까지 맛보니 기분이 좋다.

그런데 거리표가 이번에도 어째 좀 이상했다. 몰리나세카에서 3.6km를 가면 폰페라다Ponferrada가 나온다고 되어 있는데, 1시간은 족히 걸었으니 거리상 이 마을이 폰페라다여야 하는데 어디에도 그런 이름은 도통 보이질 않는다. 게다가 폰페라다는 제법 큰 도시로 알고 있는데 이곳은 작은 시골 마을이니, 아무래도 이상해 동네 사람에게 물어 보니 이 마을은 캄포Campo란다. 이곳에서 1km쯤은 더 가야 폰페라다란다.

예상대로 폰페라다는 제법 큰 도시였다. 번듯한 건물도 많고 사방으로 뻗은 도로엔 차들도 많고 사람들도 많았다. 이곳은 로마 제국 당시 인근에 광산이 있던 터에 한껏 번성했던 곳이었고 지금도 산업 도시로서의 면모는 여전하다. 스페인

○ 몰리나세카 마을부터는 거의 평지길이다. 왼쪽으로 돌아보니 어제 저녁 우리가 넘어온 산이 구름에 가득 싸인 채 아스라이 보인다. 산 넘기 전에 묵으려다 짐이 더러워 본의 아니게 늦은 시간까지 있는 힘을 향해 걸어 오던 생각도 아스라이 보이는 산처럼 아득하다.

의 다른 지역과 마찬가지로 8세기 초 이슬람 제국의 침입으로 한동안 지배를 받다 레콘키스타-국토 회복 운동- 로 재탈환하여 기사들의 보호를 받으며 성장해 온 곳이기도 하다. 다른 건 몰라도 이 마을에서 대부분의 순례자들이 꼭 들러가는 곳은 오래전 기사들의 성이었던 카스티요 데 로스 템플라리오스Castillo de los Templarios. 부분

적으로 훼손된 곳도 적지 않지만 비교적 외형이 잘 보존되어 있다. 하지만 이곳은 안에 들어가도 딱히 볼 건 없다. 성벽만 남아 있고 내부는 휑한 상태로 겉에서 보는 거나 안에 들어가나 별반 차이는 없어 보인다. 다만 안에 들어서면 성벽 길을 따라 걸으며 마을 전경을 한눈에 볼 수 있다. 입장료는 3유로. 관람 시간은 오전 11시~2시, 오후 4시~7시.

성을 돌아보고 나오면 입구 오른쪽 길이 카미노 길이다. 그 길을 따라 들어가면 광장이 나온다. 이곳에는 순례자 조각상과 함께 바닥에서 물이 퐁퐁 솟아나오는 분수도 있다. 주변에는 기념품점과 카페, 레스토랑이 줄줄이 늘어서 있다.

폰페라다를 빠져나오는데 보아하니 중심가를 제쳐두고 화살표가 한갓진 뒷길로만 안내한다. 생각해 보니 그것도 순례자에 대한 배려가 아닌가 싶다. 화려한 도심 속 길로 인도하면 유혹의 손길도 그만큼 많을 터. 조용하고 한적한 뒷길로 묵묵하게 걸어가라는 표시일까?

폰페라다에서 마을 하나를 거쳐 캄포나야라Camponayara 마을을 지나면서부터는 포도밭이 펼쳐져 있다 오랜만에 다시 보는 포도밭이다. 그 길을 가다 보니 사람 헷갈리게 하는 표지판이 나온다. 처음엔 산티아고까지 210km 남았다는 팻말

이 있었는데 조금 더 가다 보니 '산티아고 195km'란 팻말이 있다. 10분이나 걸었을까? 그 시간에 15km를 걸었단 말인가. 그럼 내가 축지법을 쓴 건가? 걷다 보면 이 거리가 군데군데 이렇듯 고무줄처럼 줄었다 늘었다 한다. 어떤 마을은 생각보다 빨리 도착하고 어떤 곳은 생각보다 훨씬 멀다.

포도밭길을 지나다 보니 아저씨들이 한창 포도를 수확하는 중이었다. 몇 사람은 포도를 따고 한 사람은 연신 포도를 날라 트럭 짐칸에 쏟아 붓는다. 이렇게 열심히 딴 포도로 즙을 내어 와인 한 병을 만들려면 포도가 적잖이 필요할 텐데, 이곳에선 대개 와인 한 병에 4유로 정도다. 남는 게 있을까? 인부를 부린다 해도 노임비도 안 나올 것 같다. 괜한 걱정인가? 소비자 입장에선 싸면 좋건만, 어쨌든 그렇게 열심히 일하는 모습을 보니 포도송이 하나 슬쩍 따 먹는 것도 미안하다. 조금 더 가니 이젠 사과나무들이 한 가득이다. 바닥에 떨어진 사과가 촘촘히 널려 있다. 저것만 다 주워 모아도 한 트럭은 넘을 것 같다. 이 길목에선 별다른 화살표가 없는 가운데 누군가 길바닥에 돌멩이를 가지런히 놓아 화살표를 만들어 놓았다.

오늘 우리가 묵은 마을은 카카벨로스Cacabelos. 성당에서 운영하는 알베르게에 들었는데 그동안 묵었던 알베르게 중 최고였다. 일렬로 늘어선 방마다 침대는 달랑 두 개씩만 놓여 있으니 혼자가 아니라면 완전히 사적인 공간이다. 우리뿐만 아니라 들어오는 사람마다 방을 보더니 좋아서 입이 함지박만큼 벌어진다. 저녁을 먹고 들어올 때도 다른 사람을 신경 쓰지 않아도 되니 정말 편했다. 살다 보면 별일을 다 겪는다는 것처럼 걷다 보니 이런 알베르게도 다 만난다.

Travel information

오늘의 여행 정보

오늘 통과한 마을

엘 아세보-(3.5km)-리에고 데 암브로스-(4.7km)-몰리나세카-(3.6km)-폰페라다-(4.8km)-콜룸부리아노스-(4.9km)-캄포나야라-(5.8km)-카카벨로스

길의 특성

엘 아세보에서 리에고 데 암브로스까지는 차도로 이어진 넓은 내리막 아스팔트 길이다. 리에고 데 암브로스 마을에서 몰리나세카까지는 꽤나 가파르고 좁은 내리막 산길이다. 몰리나세카에서부터는 대체로 평지 길인데다 카카벨로스에 오기까지 1시간 남짓마다 마을이 있어 그다지 지루하지도 않다.

카카벨로스

그리 크지도 작지도 않은 마을이지만 참 아기자기하다. 이곳에서 저녁을 먹고 알베르게로 들어오다 인상적인 선술집을 발견했다. 순례자의 길 표시를 따라 성당을 지나 알베르게로 가는 골목길에서 만난 보데가(BODEGA 왼쪽에 숫자 4가 적힌 집 맞은편에 위치)가 그곳. 굴속처럼 컴컴한 공간에서 사람들이 웅성웅성 서 있기에 들어가 봤더니 다들 서서 술을 마시며 담소를 나누고 있다. 체리술로 유명한 곳이라는데 값은 한 잔에 무조건 0.30유로. 안주는 공짜다. 분위기도 독특하고 그렇게 어울려 한잔 하다 보면 마을 사람들과도 금세 친해진다. 우리도 이곳에서 만난 마을 젊은이와 이런저런 얘기를 나누었는데 기분이 고조된 청년은 다른 곳에 가서 한잔 더 하자고 했지만 우리는 10시까지는 들어가야 하는 몸. 아쉬웠다.

알베르게

카카벨로스에서 묵었던 알베르게는 성당에서 운영하는 것으로 숙박료가 5유로다. 침대는 74개인데 2인실씩 나누어져 있고 1층 침대뿐이라 지금껏 묵은 알베르게 중 가장 편하고 좋았다. 주방 시설은 없지만 샤워실도 남녀 구분 4개인데다 화장실 각각 3개로 여유 있게 넉넉한 편이다. 마을을 거의 지나 다리 건너 오른편에 있다.

꽃을 든 남자의 재미있는 '한국 예찬'

카카벨로스 👣 루이테란Ruitelan 28.7km

이른 아침 알베르게를 나서니 차도를 따라 죽 올라가는 길이다. 은근한 오르막길을 30분~40분쯤 걸었을까? 두 갈래길이 나온다. 길바닥에 오른쪽은 발바닥, 왼쪽엔 자전거 그림이 그려져 있다. 오른쪽 길목으로 들어서다 뒤를 돌아보니 여명이 가득하다. 레온을 지나면서부터 그동안 비가 오거나 잔뜩 흐리기만 했었는데 며칠 만에 해가 떠오르는 걸 보니 반갑다. 해 뜰 무렵의 하늘이 근사했다. 구름 사이로 퍼져 나오는 불그스름한 기운이 점점 노래진다. 묘하게 변해 가는 햇살 빛깔이 예술이다.

산등성이로 난 비포장 흙길 양옆으로 포도밭이 펼쳐져 있다. 몽글몽글한 산등성이를 부드럽게 감싼 아침 햇살이 포근해 보인다. 거기에 새소리까지. 오랜만에 맛보는 싱그러움이다. 곳곳에 밤송이가 주렁주렁 매달린 밤나무도 지천이다. 그 길목에 누군가 벗어 놓고 간 신발 한 켤레가 가지런히 놓여 있다. 주인에게서 버림 받은(?) 신발을 보니 왠지 측은해 보인다.

카카벨로스에서 다음 마을인 비야프랑카 델 비에르조Villafranca del Bierzo로 가는 길은 대부분 산길을 오르락내리락하면서 걷게 된다. 마을 규모가 카카벨로스보단 커 보인다. 광장에 카페도 많고 레스토랑도 많고 은행, 슈퍼, 옷가게, 기념품점도

많다. 성당도 웅장하다. 광장에 나란히 붙어 있는 카페 주인들은 배낭 멘 순례자들이 하나둘 다가오자 어느 쪽으로 들어가는지 은근히 눈치를 살피고 있다. 우리는 둘 중 사람이 적은 곳을 택해 들어가 역시나 빵과 커피로 아침을 먹었다.

다시 길을 걷는데 길가에 오밀조밀 들어서 있는 집들을 지나치다 보니 창가에 재미있는 모습이 보인다. 한쪽에는 연신 망치질을 하는 사람 인형과 그 옆에는 열심히 포도즙을 짜는 사람들 인형, 그 옆에는 포도즙을 실어 나르는 호스 등이 미니어처로 만들어져 설치되어 있다. 거기에 물레방아와 바람개비까지 예쁘게 장식되어 있다. 그 모습이 재미있어 다들 카메라를 꺼내 들고 사진을 찍으니 바로 옆 창문에서 웬 할아버지가 얼굴을 내밀며 '내가 만들었다'는 몸짓을 해 보인다. 할아버지는 자신이 만든 또 다른 미니어처 집 모양을 보여 주며 자랑하시는데 솜씨가 보통이 아닌 듯했다. 순례자들이 그런 할아버지를 카메라에 담으려 하니 할아버지, 으쓱한 표정으로 요리조리 포즈를 취해 준다.

이 마을의 끝에서 다리를 건너니 은근한 오르막길이 시작된다. 산을 넘어가는 것 같은데 에둘러 가기 때문에 그리 가파르진 않았지만 산 하나를 넘는 데 시간은 제법 걸린다. 산을 넘으면서부터는 계곡물이 흐른다. 모양새는 우리네 계곡과 별반 다르지 않다. 그동안 들판이나 산만 보다 계곡물을 보니 괜히 뿌듯하고 풍요로운 느낌이다.

7km가량을 걸어 들어선 페레제Pereje 마을은 전형적인 시골 마을이다. 이곳을 지나서도 고만고만한 거리에 작은 시골 마을이 몇 개 더 있는데 대부분 알베르게 하나쯤은 다 있다. 가다 보면 알베르게 홍보 쪽지도 있고, 거기에 '스피크 잉글리시'라는 문구가 들어 있는 것도 재미있다.

오늘 우리가 묵은 마을은 루이테란Ruitelan. 이곳 역시

작은 시골 마을이지만 이곳을 지나면 큰 산을 또 한 차례 넘어야 하기에 엊그제 경험상 이곳에서 머물기로 했다. 이 여행의 경험은 복불복이다. 그날그날 어느 곳에서 멈추느냐에 따라 들어가는 알베르게도 다르고 만나게 되는 사람도 달라진다. 알베르게도 내가 멈춘 곳만이 추억이 되고 아무리 근사한 곳이라도 그냥 지나치면 내 것이 되진 않는다. 이날 우리가 묵은 알베르게도 기억에 남는 곳 중 하나였다.

안으로 들어서니 카리스마 있으면서도 유머가 넘치는 주인 아저씨가 순례자 증명서에 도장을 찍어 주며 하는 말.

"내일 아침 7시 전에는 절대 일어나지 말고 조용히 누워 있으쇼. 음악이 흐르면 그때 일어나요"

몇 번을 얘기한다. 아저씨가 안내해 준 방은 다락방 같은 분위기다. 아늑한 느낌이 좋았다. 알베르게 안에 내내 음악이 흐르는 분위기도 좋았다. 내 옆자리 임자는 호주에서 왔다는 젊은 청년이다. 레온에서부터 걸어 왔다는 청년의 이름은 로비. 스페인 여행을 왔다가 이런 길이 있다는 얘기를 듣고 갑작스럽게 출발해 준비를 제대로 못했단다. 나보고 "어디서 왔느냐"고 묻기에 서울이라니 "와우! 서울은 너무 큰 도시예요."라며 두 팔을 있는 대로 벌려 둥근 원을 만들어 보인다. 그러면서 자기는 큰 도시보다 작은 마을이 좋단다. 그건 나도 마찬가지다.

이곳에 같이 묵던 한 아저씨는 볼 때마다 –남자는 빼고 여자들한테만– 꽃을 꺾어다 주어 우리를 유쾌하게 했다. 그래서 아저씨 별명을 '꽃을 든 남자'라 칭했다.

저녁엔 알베르게에서 만들어 주는 음식을 먹었다. 테이블 상차림도 근사한데다 맛도 좋았다. 당근 스프는 담백하면서도 부드럽고 토마토, 참치, 양상치, 치즈를 모양별로 치장한 샐러드도 신선하다. 감칠맛 나는 크림 스파게티는 양도 푸짐하다. 와인도 마음껏 마셨다. 다 같이 모여 식사를 하며 얘기를 나누는 이 시간도 참 유쾌했다.

한 호주 아저씨는 유머 감각이 넘쳐 흘렀다. 우리더러 "어디서 왔느냐" 묻기에 한국이라고 대답하니 갑자기 "안녕하세요, 감사합니다, 김치, 비빔밥" 등 알고 있는 한국말을 모두 늘어놓는다. 한국에 몇 번 와 봤다는 아저씨는 설악산이 너무 아름답다더니 불현듯 한국에서의 사우나 경험을 얘기한다. 자기는 숨이 막혀 죽

겠는데 한국 사람들은 팔짱을 낀 채 여유 있는 모습으로 자기가 들어올 때마다 "웰컴!" 하며 아무렇지도 않게 앉아 있는 것이 인상적이고 놀라웠다며, 캑캑 대는 소리와 함께 1인극을 하는 것 같은 몸놀림을 곁들여 재미있는 상황을 연출한다.

게다가 가야금이 연주되는 한정식집에서 식사를 했는지 음식이 40가지 이상 나오고, 가야금 소리도 좋았다며 말끝에 '둥~당당~ 둥당~' 소리를 내며 가야금을 연주하는 흉내까지 낸다. 그리고는 자리를 같이한 각국의 사람들에게 "한국은 아름답고 활기찬 나라"라며 침이 마르도록 한국 예찬을 늘어놓는다. 이 아저씨, 한국 홍보대사로 임명해도 손색이 없을 것 같다. 아저씨 덕분에 이날 저녁의 화젯거리는 '한국'이었다.

저녁을 먹은 후, 밖에 나오니 사방이 고요하다. 조잘대던 새들도 잠든 모양이다. 낮에는 몰랐는데 마을 위 높은 산자락 위로 도로가 있는 모양이다. 간간히 불을 밝힌 차들이 지나니 마치 놀이공원 안에서 흔히 보던, 높은 모노레일 위를 달리는 롤러코스터처럼 보인다.

커피 한잔 마시러 마을에 하나뿐인 바에 가 보니 알베르게의 여자 손님 둘이 앉아 있다. 그런데 갑자기 한 아저씨가 살금살금 바 문을 들어선다. 가만 보니 '꽃을 든 남자'다. 아저씨 손엔 어김없이 꽃이 한 아름 들려 있었고 그 꽃을 두 여인과 내게 건네준다. 아무튼 재미있는 아저씨다. 어쨌든 잠자리에 들기 전에 꽃을 받았으니 기왕이면 꿈도 향긋한 것으로 꾸었으면…….

Travel information

오늘의 여행 정보

오늘 통과한 마을

카카벨로스-(7.2km)-비아프랑카 델 비에르조-(7.2km)-페레제-(4.8km)-트라바델로-(3.4km)-포르텔라-(1km)-암바스메스타스-(0.8km)-베가 데 발카르셀-(4.3km)-루이테란

길의 특성

카카벨로스에서 비아프랑카 델 비에르조 마을에 이르기까지 대체로 산길을 오르락내리락하면서 걷게 된다. 비아프랑카 델 비에르조 마을을 지나면 그리 가파르지 않은 길을 따라 산 하나를 넘게 되고 옆으로 계곡이 흐르는 평지가 이어진다.

알베르게

루이테란에서 묵은 알베르게는 레퓨지오 델 페레그리노스. 숙박료는 5유로, 저녁 식사는 6유로(미리 예약해야 한다. 식사 시간은 7시 30분), 아침 식사는 3유로다. 화장실이 하나인데다 샤워 부스가 남녀 공용 2개뿐이라 좀 불편하지만 물은 뜨끈뜨끈했다. 세탁기 사용료 3유로, 건조기 사용료 3유로.

On the 25 day
10월 5일

목가적인 풍경들을
누가 낭만적이라고 했던고

루이테란 ─ 트리아카스테라 Triacastela 25.7km

아침에 눈을 뜨니 6시가 조금 넘은 시각. 어제 "음악 소리가 날 때까진 절대 일어나지 말라"는 주인 아저씨 말에 소리가 날 때까지 꼼짝 않고 침대에 누워 있었다. 7시가 되니 정말 온 집안에 음악 소리가 아주 크게 울려 퍼진다.

'아베~ 마리아~'

그 소리에 다들 일어나 주섬주섬 짐을 챙긴다. 아래층에선 벌써 아침 준비가 시작됐는지 빵 굽는 냄새가 구수하게 풍겨 올라온다. 어제처럼 다 같이 모여 앉아 토스트에 커피를 마시다 보니 금세 친해질 수 있었다. 이렇게 다시금 새로운 사람을 만나 아는 얼굴이 생긴다.

알베르게를 나서 몇 걸음 가다 보니 어제 한국 예찬을 펼치던 호주 아저씨가 앞서 간다. 반가운 마음에 인사를 하니 아저씨는 뒤돌아서 우리를 보더니 "안녕하세요~ 안녕하세요~ 반갑습니다~ 반갑습니다~" 하며 우리말로 노래를 지어 부르며 아예 춤까지 춰 보인다. 정말 재미있고 유쾌한 분이시다.

오늘은 사람들이 마의 코스 중 하나라 부르는 산을 넘어야 한다. 해발 700m 정도인 이곳에서 1400m에 이르는 정점까지 8km가량을 올라가야 한다. 어떤 이

는 이곳을 지나면서 눈물을 흘리기까지 했다 하여 마음을 단단히 먹었는데 막상 오르고 보니 군데군데 가파른 길이 있긴 하지만 지리산이나 설악산 등에 비하면 좀 약하다. 2, 3km 간격으로 마을이 자주 나타나 쉬엄쉬엄 음료수나 먹거리를 찾아 먹기도 좋다.

    루이테란에서 출발하여 걷다 보니 1, 2km 간격으로 작은 마을들이 들어서 있다. 마을마다 알베르게가 있는 곳도 있고 알베르게가 없는 곳은 작은 호텔과 레스토랑이 있었다. 산자락 밑에 폭폭 파묻힌 마을 풍경이 하나같이 평화로워 보인다. 풀밭에선 소들이 한가롭게 풀을 뜯고 있고 마을 앞을 도르르 흐르는 도랑물도 참 맑다. 아침에 물 흐르는 소리를 들으니 상쾌하다. 목에 작은 종을 매단 소들이 움직일 때마다 나는 종소리도 경쾌하다.

    도로를 따라 은근한 오르막길을 오르다 보니 왼쪽에 라 파바 La Faba 라는 마을 이정표가 보인다. 이정표를 따라 들어서니 좁은 흙길. 이제부터 서서히 가파른 산길을 오르게 된다. 좁은 산길은 숲이 울창하게 우거져, 아침인데도 약간 어둠침침하다. 길바닥엔 소똥도 많아 조심해야 한다. 라 파바에 들어서니 집들의 지붕이 독특

하다. 넓적한 돌로 만든 모양이 너와집 같기도 하고 네팔의 산간 마을 풍경과 비슷하다. 이곳엔 알베르게와 바는 물론 기념품 판매점도 있었다. 한껏 펼쳐 놓은 제품들이 예뻐 사진을 찍으려 하니 젊은 여주인이 찍지 말라고 손사래를 친다. 인심도 사나워라. 찍다가 보면 마음에 드는 걸 살 수도 있으련만, 수제품이라 그런가?

이곳에서 30분가량 더 올라가니 작은 마을Laguna de Castilla-verano이 또 있다. 길가에 자리한 바에선 제법 웅장한 음악 소리가 흘러나온다. 그 앞에서 모나리자를 닮은 여인이 혼자 앉아 커피를 마시고 있었다. 어제 같은 알베르게에서 묵으며 알게 된 네덜란드 아줌마다. 호젓한 산중에서 커피를 마시다 눈을 지그시 감고 음악 감상을 하는 모습이 아름다워 보인다. 이곳에서 우리도 커피 한잔을 마시며 햇살에 비친 산 그림자를 한동안 바라보았다. 참 평온한 느낌이다.

이곳을 지나 정상을 향하는 길목에 빨간 글씨로 '갈리시아'라고 쓰인 돌 표지판이 서 있는 걸 보니 이제 갈리시아 지방에 들어선 모양이다. 정상에 오르면 오세브레이로O Cebreiro 마을. 높은 산꼭대기에 오밀조밀 돌집들이 들어선 풍경이 그야말로 그림 같다. 이 가운데 눈여겨볼 만한 것은 돌을 둥그스름한 모양으로 차곡차곡 쌓아올린 후 짚으로 지붕을 얹은 집이다. 이것이 바로 고대 켈트 족들의 전통 가옥이라는 팔로사Paloza다. 아울러 이곳에 자리한 성당Iglesia de Santa Maria은 예수님이 제자들과 함께 최후의 만찬을 나눌 때 사용했다는 성배가 보존되었던 곳으로도 유명해 순례자들뿐만 아니라 버스를 타고 오는 관광객들도 아주 많다.

때문에 제법 큰 기념품점도 두 곳이나 있다. 그중 한 곳은 장사를 하는 여인이 너무나 무뚝뚝하다. 물건에 대해 물어 보면 시큰둥하게 대답하고 모자 사이즈가 맞지 않아 좀 더 작은 건 없냐고 물으니 대답도 없다. 웃지도 않는 표정이다. 평소 남의 말을 쉽게 하지 않으시던 시어머니가 보다 못해 내게 한마디 던진다.

"저놈의 지지배는 갈아치워야 할 것 같아. 애가 아주 틀렸어."

마을 끝 언덕 위엔 전봇대 같은 모양의 십자가가 서 있다. 밑에서 보면 십자가만 하나 삐죽 서 있는 것처럼 보이지만 이곳에 오르면 마을 전경이 한눈에 보이는 게 가슴이 확 트인다. 영화 〈사운드 오브 뮤직〉에서 아이들과 선생님이 노래 부르던 들판 풍경과 흡사하다. 넓은 잔디밭엔 보라색 꽃이 지천으로 피어 있다. 보기엔 예뻐도 독초란다.

전봇대 모양의 십자가 나무 틈새에는 동전이 빼곡하게 박혀 있다. 이곳에서도 저마다의 소원을 빌며 남겨 놓은 흔적들이다. 하지만 오르는 길이 200m~300m는 되다 보니 대부분의 사람들이 그냥 지나치는 경우가 많았는데 수고한 만큼 보상을 해 주듯 멋진 풍경이 기다리고 있으니 놓치면 아까울 것 같다.

오 세브레이로에서 1시간쯤 걸었을까? 중간에 작은 마을을 거쳐 또 한 구비의

산길을 따라 올라오니 허허벌판 정상에 큼지막한 순례자 동상이 서 있다. 남루한 옷차림에 힘겨운 듯 지팡이를 짚고 이마에 손을 대고 먼 하늘을 바라보는 순례자. 샌들을 신은 오른쪽 엄지발가락에 누군가 밴드를 붙여 놓았고 그 발등 위엔 작은 참새 한 마리가 죽은 채로 놓여 있었다. 그 모습이 안쓰러웠지만 순례자의 발등에서 편안한 보금자리를 찾은 것 같아 그나마 다행이다.

이제 150km가량 남은 산티아고 길을 두고 그 모습을 통해 저마다 생각도 제각각일 터.

'150km나 남았으니 산티아고 가는 길은 아직도 멀구먼.'
'이제 150km쯤 남았으니 아자~ 아자~ 힘내야지.'
'이제 150km밖에 안 되니 왠지 아쉽네.'

나는 길이 점점 끝나간다는 것이 아쉽다는 생각이 들었다.

갈리시아 지방에 들어서면서부터는 길바닥에 소똥이 천지다. 이 길목에선 조금만 한눈을 팔면 소똥을 밟기 딱 좋다. 마을마다 알베르게가 있긴 하지만 여간해선 들어가서 쉬고 싶은 생각이 들지 않는다. 간간히 물을 먹는 곳도 있었지만 ─ 먹지 말란 표시는 없지만 ─ 먹고 싶은 생각이 안 든다. 그래서 대부분의 사람들이 갈리시아 지방에 들어서면 물을 받아 먹지 말고 사서 먹는 게 좋다는 얘기들을 하는가 보다.

산등성이마다 소를 방목해 키우는 목초지 투성이라 그런지 바람이 불 때마다 코에 스미는 건 소똥 냄새였다. 누가 목장 풍경을 낭만적이라 했던고. 목가적인 풍경이란 게 말은 참 낭만적인데 막상 와서 보면 소똥 냄새에 지저분하기 그지없어 막연한 느낌과는 아주 다르다.

좁은 내리막 산길에서 한 무더기의 소들이 올라온다. 목동이 앞에서 소를 인도하면 맨 뒤에서 소를 살피는 건 개다. 개가 참 영리하다. 소 뒤를 따라 가다 소가 머뭇거리면 개가 그 자리에서 지키고 서 있다 소가 출발해야 출발한다. 소가 영 움직이지 않으면 컹컹 짖어대며 소를 몰기 시작한다. 소를 몰고 가던 아저씨도 우리를 보더니 환한 웃음으로 "부엔 카미노"를 외쳐 준다.

걷다 보면 유난히 어기적대며 종종 걸음으로 다니는 소들도 볼 수 있었다. 소머리와 앞다리 사이에 줄을 짧게 매어 놓은 탓이다. 사람과 소들이 길에서 자주 부딪히게 되니 행여 공격하지 못하게 함일까? 아님 소들이 도망가지 못하게 함일까.

오늘 발걸음을 멈춘 곳은 트리아카스테라Triacastela. 이 마을엔 알베르게가 4개나 있다. 초입에 자리한 공용 알베르게는 잔디밭이 넓고 좋아 보였지만 대부분의 사람들이 그곳으로 들어가 북적거리는 통에, 150m만 가면 다음 알베르게가 있다는 표시가 있기에 그리로 갔다. 사설 알베르게인데 시설도 깨끗하고 주인 아주머니도 친절하다. 순례자들을 기록하는 카드에 이름과 국적을 적는데 아줌마가 나이를 적으라고 하길래 우리끼리 '나이, 나이' 했더니 한국말을 알아 두어야 한다며 본인 수첩에 'NAI'라 적어 놓는다.

무엇보다 공용 알베르게에 비해 한갓진 게 좋았다. 16개의 침대가 놓인 우리 방에 묵은 사람은 7명뿐. 주방을 사용하는 이들도 거의 없어 저녁엔 마을 슈퍼에서 재료를 사다 카레 밥을 해 먹으니 속도 든든하다. 배도 부르고 잠자리도 편하니 그것만으로도 행복하다.

Travel information

오늘의 여행 정보

오늘 통과한 마을

루이테란-(3.5km)-라 파바-(2.3km)-라구나 데 카스티야 베라노-(2.6km)-오 세브레이로-(2.3km)-오스피탈 데 콘데사-(3km)-알토 델 포이오-(3.3km)-폰프리아 델 카미노-(2.3km)-비두에도-(6.4km)-트리아카스테라

길의 특성

루이테란의 고도는 해발 700m. 이곳에서 해발 1400m에 이르는 오 세브레이로까지 약 8km 구간은 군데군데 가파른 산길이 이어진다. 때문에 많은 이들이 이곳을 '미의 코스' 중 하나라 여기지만 지리산이나 설악산에 비하면 좀 약하다. 정상을 지나면 산 능선을 타고 걷는 길이라 경사가 완만한데다 간간이 평탄한 길도 있고 2, 3km 간격으로 마을도 나타나 그리 지루하지도 않다. 비두에도를 지나 트리아카스테라 가는 길목은 거의 내리막길이다.

알베르게

트리아카스테라에는 슈퍼마켓도 있고 알베르게도 4개나 있다. 우리가 묵은 사설 알베르게 이름은 레퓨지오 델 오리비오(Refugio del Oribio). 숙박료는 7유로. 시설도 깔끔하고 주인도 친절하지만 방마다 샤워실과 화장실, 세면대가 한 곳에 다 들어 있다는 게 좀 불편했다. 적어도 세면대와 화장실만 분리되어도 좋으련만. 어떤 용도로 들어가든 한 사람이 들어가면 다른 용도로 이용하려는 사람은 고스란히 기다려야 한다.

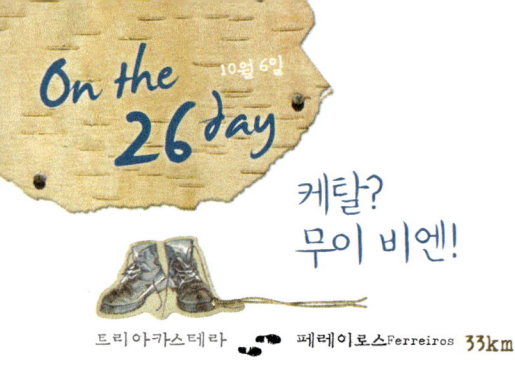

On the 26 day
10월 6일

케탈?
무이 비엔!

트리아카스테라 ▸ 페레이로스 Ferreiros **33km**

트리아카스테라에서 산티아고 가는 길은 두 갈래 길로 나뉘진다. 그 길은 20km 지점에 있는 사리아 Sarria에서 다시 만나게 되는데 갈림길에서 지도를 보니 도로를 따라가는 왼쪽 길에 비해 흙길로 들어서는 오른쪽 코스가 훨씬 짧아 보인다. 길이 짧아서라기보다 도로보다는 아무래도 흙길이 좋아 오른쪽 길을 택했다. 우리뿐만 아니라 대부분 이 지름길로 들어선다.

이 길로 들어서니 숲길인 듯 싶다가도 은근히 올라가는 산길이다. 그 길을 따라 3km가량 걸으면 산실 San Xil이란 마을이 나온다. 집 몇 채만이 들어선 아주 작은 산골 마을이다. 이른 아침, 산길에 자리한 집 곳곳에선 아침거리를 준비하는지 모락모락 연기가 피어오른다. 그 가운데 작은 오두막집이 유독 눈에 띄었다. 화가의 집인가? 집 앞에 다양한 순례자들의 모습이 담긴 그림이 조르륵 전시되어 있다. 물론 판매 목적도 있지만 취미 삼아 그린 그림으로 순례자들에게 볼거리를 제공하기 위해 내놓은 거라 한다. 실례를 무릅쓰고 슬쩍 안을 들여다보니 안에서 바닥 청소를 하던 남자가 들어오라며 손짓을 한다. 얼핏 보아도 예술가 느낌이 물씬 나는 멋쟁이 아저씨였다. 다소 어두컴컴한 공간에 침대와 책상만 달랑 놓여 있었지

만 촛불이 켜져 있으니 분위기가 근사해 보인다. 게다가 감미로운 음악까지 은은하게 울려 퍼지고 있었으니.

어제는 내려오는 산자락 길목마다 목초지에 소들만 보였는데 오늘은 마을 길목마다 온통 닭들이 여기저기 나와 모이를 쪼고 있다. 곳곳에서 '꼬끼오~'를 외치는 닭들의 울음소리가 어찌나 우렁찬지. 닭이 울면 어디선가 '음메~' 하는 소 울음소리도 들리는 게 동물농장에 들어선 느낌이다.

먼저도 말했지만 갈리시아 지방은 정신을 바짝 차리고 가야 한다. 길도 그리 편하지 않고 소똥 닭똥이 많아 항상 발밑을 살피며 걸어야 한다. 어떤 길은 봅슬레이 경기장처럼 산자락을 깊게 파놓아 뚜껑 없는 땅굴을 걷는 느낌이다. 파여 나간 흙 사이로 속내를 드러낸 나무 밑동이 엄청나다. 뿌리가 얼마나 단단하게 얽혀 있으면 이렇게 흙이 싹둑 잘려 나갔는데도 튼튼하게 버티고 있을까? 이 길가엔

도토리도 엄청 많다. 먹을거리가 지천이니 다람쥐들은 얼마나 좋을까? 하지만 아무리 봐도 다람쥐는 보이질 않는다.

또한 갈리시아에 들어서면 흔히 보게 되는 것이 허공에 떠 있는 작은 공간인데 이는 갈리시아 지방의 곡물 창고다. 허공에 떠 있는 이유는 바닥에서 올라오는 습기를 방지하기 위함이라 한다. 벽면도 나무나 구멍이 숭숭 뚫린 벽돌로 만들어져 통풍도 잘 된다.

산길과 풀숲길이 번갈아 나타나는 길에서 할아버지 한 분을 만났다. 덥수룩한 수염에 한쪽 다리가 불편해 보이는 할아버지는 막지팡이 두개를 꾹꾹 짚어 가며 절룩거리며 걸어가신다. 그래도 아주 밝은 얼굴에 씩씩한 걸음이다. 할아버지는 이 길을 걸을 수 있다는 것만으로도 무척 행복하다셨다.

끊임없이 이어지는 오르막 내리막 산길을 따라 20km가량 걸어오니 제법 큰 도시가 보인다. 사리아Sarria라 불리는 이곳은 12세기 무렵 레온과 갈리시아 지방을 통치했던 알폰소 9세 왕이 세운 도시라고 한다. 수백 년의 역사가 깃든 도시이긴 하지만 부르고스나 레온처럼 고풍스러운 맛은 별로 없어 보인다.

한적한 시골길만 걷다 도시로 나오니 정신이 없다. 곳곳에서 건물을 짓느라 웽웽대는 기계 소리와 끊임없이 이어지는 차 소리가 혼을 쏙 빼놓는다. 한동안 잊었던 이 같은 종류의 소리를 다시 들으니 우리가 그동안 알게 모르게 현대적 소음에 얼마나 시달리며 살아왔는지를 새삼 깨닫게 된다. 그렇다고 갖출 걸 다 갖춘 도시의 편리함도 저버릴 순 없는 노릇이니, 두 마리의 토끼를 다 잡으려는 건 역시나 힘든 일이다.

오늘은 사리아에서 멈출까 하다 이제 오후 2시도 채 안 된데다가 도시의 번잡

함이 싫어 좀 더 가기로 했다. 성당 골목을 지나 도시 끝에 자리한 언덕길로 올라오니 왼쪽으로 펼쳐진 넓은 공터에 사람들이 바글바글하다. 그곳에서 나온 노부부가 우리를 보더니 손가락으로 자신의 눈을 톡톡 치시더니만 자꾸만 공터 안쪽을 가리킨다. 알고 보니 '여기 장이 섰으니 구경하고 가라'는 몸짓이었다. 토요일엔 이렇게 장이 선단다. 다섯 살 남짓 되어 보이는 손자에게 빨간 운동화를 사 주었다며 흐뭇한 표정으로 손자를 바라보던 할아버지는 우리의 차림새를 보곤 "부엔 카미노"를 외쳐 주시며 "이 좋은 길을 걸어 참 좋겠다. 이제 100km 조금 더 남았으니 마지막까지 힘내라"며 어깨를 두들겨 주신다.

갈 길이 바쁘긴 했지만 스페인 마을의 장터는 어떤 모습일까 궁금하기도 해 장터로 들어섰다. 옷가지들을 펼쳐 놓고 파는 사람, 치즈나 과일을 들고 나온 사람, 잡다한 공구를 펼쳐 놓은 사람……. 모양새는 우리네 시골 장터와 크게 다르지 않았다. 그 가운데 곳곳에 포장마차처럼 펼쳐 놓고 먹을 것을 파는 곳이 가장 많았는데 이곳에서 가장 인기 있는 먹을거리는 삶은 문어였다. 뜨거운 물에 살짝 데친 문어를 뚝뚝 잘라 내놓는데 한 접시에 6유로다. 문어 한 접시에 와인 한 잔을 곁들이니 허한 배도 어느 정도 채워지고 와인 기운에 다시 힘이 난다. 빼곡히 앉아 음식을 먹는 사람들 사이를 비집고 다니며 벨트나 옷, 시계를 팔러 온 상인들도 더

러 보이고 악기를 연주하며 돈을 걷는 사람도 있다. 그 와중에서도 가장 시선을 끌었던 이들은 바로 우리였다. 음식을 열심히 먹으면서도 다들 우리를 힐끔거리며 쳐다본다. 하긴 우리 시골 장터에 외국인들이 들어와 순대를 먹는 거나 같은 느낌일 터. 그러면 우리네 시골 노인네들도 신기한 듯 쳐다보겠지.

○ 사리아를 벗어나니 다시 숲속길이다. 오른쪽으로 기찻길도 나란히 뻗어 있다. 주변엔 새소리만 들린다. 북적북적하던 장터에서 벗어나 불과 몇 걸음 벗어났을 뿐인데 이렇게 조용하고 한적하다. 시끌벅적한 소음에서 벗어나니 살 것 같다. 자연의 소리는 이렇듯 언제나 편안하고 좋다.

○ 사과를 따다 우리를 본 한 아주머니가 인사를 건넨다. 낯선 이에게 '컨디션이 어떠냐' 걱정해 주는 고마운 물음에 "무이 비엔(아주 좋다)"이란 스페인어로 답하니 자기네 나라 말을 하는 것에 너무나 좋아하며 먹는 시늉을 해 가며 사과 몇 알을 건네준다. 그리고는 아주머니뿐 아니라 아저씨들도 한참 동안이나 손을 흔들어 주며 우리의 걸음에 힘을 실어 준다.

사리아를 벗어나니 다시 숲속 길이다. 오른쪽으로 기찻길도 나란히 뻗어 있다. 주변엔 새소리만 들린다. 북적북적하던 장터에서 벗어나 불과 몇 걸음 벗어났을 뿐인데 이렇게 조용하고 한적하다. 시끌벅적한 소음에서 벗어나니 살 것 같다. 자연의 소리는 이렇듯 언제나 편안하고 좋다.

기찻길 건너 조금 더 들어가니 햇빛이 있어도 하늘이 보이지 않을 만큼 숲이 우거져 있다. 산길 곳곳에 자리한 거대한 나무들은 울퉁불퉁한 모양도 제각각인 게 마치 나무 조각품을 만들어 세워 놓은 것 같다. 숨을 고르며 자연의 작품을 감상하며 천천히 오른다.

산길을 벗어나 다음 마을로 가는 길목엔 온통 사과나무 밭이다. 빨간 사과가 너무 잘 익어 터질 것 같은 토마토처럼 보인다. 길바닥에 떨어진 사과들도 부지기수다. 걷다 보면 사과가 발에 채여 데굴데굴 굴러 간다. 처음에는 바닥에 떨어진 사과가 아까워 주워서 씻어 먹곤 했는데 워낙 많으니 나중엔 걷는 데 방해만 된다는 생각이 든다. 사과뿐만 아니라 곳곳에 도토리나 밤, 호두도 지천이다. 걷다 보면 머리 위로 툭툭 떨어지는 도토리 때문에 간간이 우박을 맞는 느낌이다. 도토리는 그렇다 치고 사방에 떨어진 밤송이를 보니 슬그머니 겁이 난다. 가시 돋은 밤송이가 머리 위로 툭 떨어지면 어쩌나 싶어 고개를 잔뜩 목 안으로 들이밀고 모자를 단단히 쓰고 걸어갔다.

이 길목에서 사과를 한 알 한 알 따서 자루에 담아 경운기에 싣고 있는 마을 주민들과 마주쳤다. 모두들 선한 눈빛에 순박한 표정이다.

"케탈? - 몸 상태나 기분이 어떠냐는 스페인어 - "

사과를 따다 우리를 본 한 아주머니가 인사를 건넨다. 낯선 이에게 '컨디션이 어떠냐' 걱정해 주는 고마운 물음에 "무이 비엔 - 아주 좋다 - "이란 스페인어로 답하니 자기네 나라 말을 하는 것에 너무나 좋아하며 먹는 시늉을 해 가며 사과 몇 알을 건네준다. 그리고는 아주머니뿐 아니라 아저씨들도 한참 동안이나 손을 흔들어 주며 우리의 걸음에 힘을 실어 준다.

사리아를 지나 시골 마을을 걷다 보니 잠자리가 마땅치 않아 무려 13km나 더 걷게 되었다. 오후 6시가 넘은 시각에 알베르게가 있다는 페레이로스에 도착했다. 그저께 알베르게에서 만났던 호주 청년 로비가 문 앞에서 발을 주무르고 있다. 환한 웃음으로 맞이해 주는 그를 보니 우리도 너무나 반가워 어린애처럼 폴짝대며 좋아했다. 그런데 이를 어찌하누. 남은 침대가 딱 하나뿐이란다. 우리 일행은 셋인데……. 늦게 도착한 게 화근이다.

이곳은 알베르게만 덜렁 놓인 곳으로 주변에 딱히 머물 만한 곳도 없었다. 다음 알베르게는 8km를 더 가야 있다니 암담했다. 상황이 이러고 보니 로비가 우리보다 더 걱정 어린 얼굴이다. 알베르게 주인도 걱정이 됐는지 인근에 있는 카사를 소개해 줄 테니 갈 테냐고 묻는다. 차로 15분 거리에 있는 곳인데 주인이 차로 데리러 오고 내일 아침엔 다시 이곳까지 차로 데려다 준단다. 아마 우리 같은 경우가 종종 있었던 모양이다. 서로 연결 연결해서 잠자고 밥 먹게는 해 주니 그나마 다행이다. 걱정 어린 눈빛으로 내내 지켜보던 로비가 머물 곳을 찾은 것에 대해 우리보다 더 기뻐한다. 좋은 자리에서 하루 푹 쉬라며 격려까지 해 준다.

우리를 데리러 온 차를 타고 카사에 도착하니 집이 참 근사했다. 넓은 숲 마당에 단단해 보이는 오래된 돌집은 우아하면서도 고풍스러운 분위기가 물씬 풍겼다. 우리가 언제 이런 곳에서 자보누. 하지만 알베르게를 벗어나 이런 곳에서 머무르려니 뭔가 편안하지 않고 어색했다. 근사한 명품이지만 내 몸에 영 맞지 않는 옷을 입은 느낌이다. 불현듯 알베르게가 그리워졌다. 그 안의 사람들도 보고 싶어진다. 좁은 침대에서 복닥거리고, 화장실 쓰는 것도 불편하긴 하지만 그런 모든 것들이 새삼 더 그리워진다.

카사에서 아침은 해 주지만 저녁은 인근에 있는 식당에서 먹고 와야 한단다. 식당은 이곳에서 또 차를 타고 나가야 한단다. 그 얘기를 듣는 순간 내심 '아니 우리가 무슨 수로 차를 타고 식당을 찾아가남.' 하고 투덜거리고 있는데 이제는 식당 차가 우리를 태우러 온단다. 잠자러 가는데 차로 '모셔 가고', 먹으러 가는데 다른 차가 우리를 '모시러' 온다니, 가만히 생각하니 웃음이 난다.

식당에 들어서니 저녁을 먹으러 온 손님은 우리밖에 없다. 주인이 메뉴판을 내보이는데 스페인어로만 잔뜩 써 있으니 도통 뭐가 뭔지 알 수가 없다. 손짓 발짓 몸짓을 써 가며 음식을 시켰다. 손가락으로 코를 위로 짓눌러가며 '이거(돼지고기) 하나' "음메~" 소리를 내가며 '이거(쇠고기) 하나' 생선도 머리가 있는 건지 없는 건지 종이에 그려 가며 '이거 하나' 이런 식으로 시켰다. 음식 시키는 데 커뮤니케이션이 잘 안 돼 무려 10분이나 걸리니 식당 주인도 우리도 주문을 완료하고 나서 큰 숨을 내쉬며 웃었다. 그제야 알아들었다는 표정으로 돌아간 주인도 우스워 죽겠는지 주방장에게 뭐라 뭐라 큰 소리로 얘기하니 주방 안에서도 큰 웃음소리가 들려온다. 그런데 나의 '음메' 소리는 소였는데 주인은 양으로 받아들였는지 양고기를 내온다. 이런…….

Travel information

오늘의 여행 정보

오늘 통과한 마을

트리아카스테라-(3km)-산실-(10.5km)-칼보르-(1km)-아구이아다-(5km)-사리아-(5.2km)-바르바델로-(6.1km)-브레아-(1.7km)-페레이로스

길의 특성

트리아카스테라에서 산티아고 가는 길은 두 갈래 길로 나눠진다. 그 길은 20km 지점에 있는 사리아(Sarria)에서 다시 만나게 되는데 갈림길에서 도로를 따라가는 왼쪽 길에 비해 흙길로 들어서는 오른쪽 코스(이 길로 걸어야 사리아까지 20km 가량 된다)가 훨씬 짧다. 길은 숲길과 오르막내리막 산길이 번갈아 나타난다. 트리아카스테라에서 14.5km 지점에 있는 아이다 마을에 오기까지 먹을 곳을 파는 곳이 없으므로 미리 물과 간식을 준비해 오는 것이 좋다. 사리아를 지나면 한적한 숲길과 평지길이 이어진다.

알베르게

오늘 우리가 멈춘 페레이로스에는 침대 수가 그다지 많지 않은 작은 알게르게만 덜렁 있다. 때문에 시간이 늦으면 자리 잡기가 쉽지 않다. 우리도 오후 6시경 도착했을 때 자리가 없어 인근에 있는 카사에서 머물렀다. 트리아카스테라에서 출발한다면 사리아에서 머무는 것이 좋다. 사리아는 알베르게도 여럿이고 머물 곳도 많다.

사리아

제법 큰 도시로, 길을 걷다 필요한 용품을 살 수 있는 곳이 많다. 특히 순례자 길목에 등산용품점(이름은 A la Cena Qalega)이 있는데 등산용품은 물론 우비, 옷, 신발, 양말, 샌들, 지팡이, 산티아고 관련 책자 등 순례자들에게 필요한 물품들을 판매하고 있다. 이곳에서 물건을 사면 주인이 손님에게 세계 지도에 자신의 나라에 점을 찍고 사인을 하게 한다.

On the 27 day
10월 7일

'뜨악' 소리 절로 나는
알베르게의 묘한 샤워실

페레이로스 팔라스 데 레이 Palas de Rei **29.1km**

이른 아침. 카사에서 아침을 차리는지 구수한 빵 냄새와 향긋한 커피 향이 집안 가득 스며 있다. 고풍스러운 아침 식탁엔 우리 외에 가족으로 보이는 4명의 손님이 더 있었다. 덴마크에서 왔단다. 어제 저녁 언뜻 보기에 행색이 말끔해서 순례자인지 관광객인지 헷갈렸는데 아침을 같이하면서 얘기해 보니 어제 사리아에서 처음 출발했다고 한다. 짧은 여정이지만 이 길의 맛을 보고 싶어 왔다는 이들은 오늘로 27일째 걷는다는 우리에게 엄지손가락을 치켜 보이며 "나이스!"를 연발한다. 단지 그들보다 좀 더 걸었다는 이유 하나만으로 아침부터 괜히 우쭐해진다.

　카사에서 만들어 준 빵과 따끈한 스프로 아침을 먹고 나오니, 오늘 아침에도 뿌연 안개가 자욱하다. 우리를 태워다 줄 차에는 이슬이 촉촉이 내려앉아 있다. 어제 묵으려다 침대가 없어 못 잤던 알베르게 앞으로 다시 돌아 온 것은 아침 7시경. 불은 켜졌지만 아직 침대에서 일어나지 않은 사람이 대부분이다. 혹여나 우리를 그토록 염려해 주던 로비를 잠깐이나마 볼 수 있을까 싶어 잠시 기다렸지만 기척이 없다. 로비도 아직 일어나지 않은 모양이다. 그러다 보니 이곳에서 우리가 제일 먼저 출발하는 사람이 되었다.

한 시간 남짓 걸어 들어선 마을 이름은 빌라차Vilacha. 옹기종기 모여 있는 집들은 하나같이 벽부터 지붕까지 모두 돌로 되어 있다. 특별한 이음새도 없이 돌로만 연결된 것이 신기하다. 나무 하나 끼어 있지 않은 집 풍경이 독특하다. 돌집들을 빠져나오자마자 소나무가 빽빽하게 우거진 길을 걷는데 아침 안개가 자욱하니 그림 속 풍경이다. 한 걸음 한 걸음 옮길 때마다 각기 다른 수묵화를 보는 느낌이다.

30분가량 더 걸으니 앞에 꽤 긴 다리가 놓여 있다. 다리 밑을 흐르는 강 양쪽으로 부서진 성벽 흔적이 남아 있다. 이 다리를 건너면 포르토마린Portomarin. 어제 카사에서 머물지 않았다면 이 마을까지 와야 했던 것이다. 다리를 건너 아주 가파른 계단을 올라 돌로 된 아치문을 들어서니 예쁜 돌길에 집도 큼직큼직하고 근사하다. 말끔하게 단장된 동네가 세련된 모습이다. 강가에 접한, 알베르게를 겸한 레스토랑에서 커피를 마시며 잠시 휴식을 취하고 있는데 어제 카사에서 만났던 덴마크 가족 일행이 들어온다. 우리를 다시 본 그들이 너무나 반가워한다. 어제 카사에 들어가면서 마주쳤을 땐 살짝 미소만 비치며 간단하게 인사하더니만 지금은 그 표정이 사뭇 다르다. 비록 짧은 코스로 합류했지만 이 길을 나선 그들도 우리에게 동료 의식을 느낀 모양이다.

커피를 마시고 나와 밑으로 뻗어 있는 좁은 구름다리를 건너니 산 오솔길이다. 다음 마을인 곤자르Gonzar까지는 6.2km. 11시가 다 되어 가건만 안개는 여전히 자욱하다. 안개가 가득하니 촉촉이 젖은 풀 향기가 더욱 진하게 다가온다. 포르토마린에서 곤자르까지 오는 길은 우리나라의 방아다리 약수터로 들어가는 길

목과 비슷하다. 그 다음 마을로 연결되는 길도 별반 다르지 않다. 걷다 보니 오늘은 일요일이라 그런지 가족끼리 소풍 나온 사람들이 더러 보인다. 우리나라의 시골 마을 입구에서 봄직한 커다란 나무 밑에서 어른들은 음식을 먹으며 도란도란 얘기를 나누고 있고 아이들은 높은 고목나무 위에 올라가 푹 파인 나무 구덩이 안을 제집처럼 드나든다. 카메라를 들어 보이니 어떤 아이는 유연한 몸놀림으로 요가 솜씨를 뽐내고, 어떤 아이는 나무 위에서 손을 흔들어 보인다. 또 열 살 남짓 되어 보이는 여자 아이 둘은 카메라를 의식하며 아닌 척하면서도 요리조리 포즈를 취해 주는 모습이 어찌나 깜찍하던지.

오는 길에 캠핑카로 여행 온 영국 아저씨와 눈이 마주쳐 웃음으로 답했더니 "어디서 왔느냐?"고 묻는다. "한국에서 왔다"니 대뜸 이런 얘기를 건넨다.

"며칠 전에 남북한 대통령이 만나는 뉴스를 봤어요. 아주 굿 뉴스야."

"아, 그 뉴스 우리도 봤어요." - 10월 2일 엘 아세보 식당에서 저녁을 먹을 때 텔레비전 뉴스를 통해 보았다. 머나먼 이국 땅에서 우리나라 대통령이 나오는 뉴스를 보니 반가웠다.

"한 민족이 둘로 갈라져 있다는 건 슬픈 일이지. 당신 나라도 남북한이 합쳐지면 좋겠어요."

"저도 같은 바람이에요."

엊그제 알베르게에서 만난 스위스 남자도 같은 얘기를 했는데, 하루 빨리 남북통일이 되면 얼마나 좋을까.

오늘도 어느새 30km 가까이나 걸었다. 더 이상은 무리일 것 같아 팔라스 데 레이에서 멈추기로 했다. 마을 초입에 알베르게가 있었지만 들판에 숙소만 썰렁하게 있는 것 같아 지나치고, 마을 안에 있는 공용 알베르게에 들어섰다. 숙박비는 도네이션제. 마음 가는 대로 내면 되는 도네이션제가 때론 더 불편했다. 얼마를 내야 할지, 그것도 고민이다. 세 사람 분으로 통에 10유로를 넣고 침대 잡는 것까지는 그런대로 괜찮았는데, 샤워하러 들어갔다가 기겁을 했다. 화장실과 세면대, 샤워실이 같이 붙어 있는데 샤워 커튼이 없는 것이다. 게다가 남녀 공용이다. 그렇다면 홀딱 벗은 알몸을 -여자는 그렇다 치고- 외간 남자에게 고스란히 보여줘야 한다는 얘긴데, 이럴 수가! 다른 사람들도 다들 그런 상태에서 샤워를 하는데 뭐 어떠랴 싶어 옷을 벗고 들어섰는데, 이런! 물도 찬물이다. 게다가 물이 아기 오줌 줄기처럼 졸졸 나오는데 그것마저 두 줄기로 갈라져 한 줄기는 포기해야 하니 어느 세월에 샤워를 마치랴 싶었다. 물 나오는 '꼬라지'를 보니 정말 '이건 아니~잖아~' 소리가 절로 나온다. 안 되겠다 싶어 다시 옷을 입고 세수만 하고 나왔다. 돌다리는 샤워하다 맞은편에서 손 씻던 아줌마와 거울을 통해 눈이 마주쳐서 뒤로 돌아 엉덩이만 보여 줬다고 한다. 시어머니는 물 나오는 상태도 모르고 먼저 머리에 샴

푸를 뒤집어쓴 바람에 나오지도 못하고 몸을 잔뜩 쪼그린 채 간신히 헹구고 나오셨단다. 부엌도 있긴 했지만 그릇이 하나도 없어 음식을 해 먹을 수가 없었다. 오늘은 재료를 사다 알베르게에서 볶음밥을 해 먹으려고 잔뜩 맘 먹고, 그 희망에 부풀어 걸어 왔는데 주방을 보니 한순간에 그 야무진 꿈이 날아갔다. 볶음밥이 날아가니 볶음밥 생각이 더 간절하다.

알베르게 옆에 식당이 2개 있는데 그중 한 곳이 문을 닫아 한 곳뿐이다. 저녁 식사는 7시부터다. 생각해 보니 알베르게 주방을 사용할 수도 없고 식당도 하나밖에 안 되니 식사 때가 되면 사람들이 한꺼번에 몰려 붐빌 것 같았다. 아무래도 먼저 가서 기다리는 게 좋을 것 같아 6시 30분쯤 갔는데 다들 같은 생각이었는지 식당 안은 이미 사람들로 바글바글했다. 먼저 온 사람들이 테이블을 모두 차지하고 앉아 있는 것은 물론 군데군데 서 있는 사람들도 많다. 이들이 먼저 먹고 나가야 우리 차례가 온다는 얘기다. 달리 먹을 데가 없으니 꾹 참고 기다릴 수밖에.

기다림 끝에 8시 30분이 다 되어서야 테이블에 앉을 수 있었다. 사람은 많고 일손은 모자르니 주문한 음식이 나오기까지도 무려 50분이나 걸렸다. 우리보다 조금 더 늦은 사람들은 각자 찜해 놓은 테이블 앞에 서서 한 순배 더 기다려야 했다. 앞에 서 있는 사람들도 딱히 할 일이 없으니 간간이 우리가 먹는 것을 쳐다본다. 그러다 보니 먹는 것도 쑥스럽다. 기다리는 이들을 위해 허겁지겁 먹다 보니 음식이 입으로 들어가는 건지 코로 들어가는 건지……. 저녁 먹는 게 그야말로 전쟁 같았다.

Travel information

오늘의 여행 정보

오늘 통과한 마을

페레이로스-(1.5km)-로자스-(5km)-빌라차-(1.5km)-포르토마린-(6.2km)-곤자르-(2.5km)-호스피탈 데 쿠르즈-(1.2km)-벤타스 데 나론-(2.9km)-리곤데-(5.9km)-알토 데 로사리오-(2.4km)-팔라스 데 레이

길의 특성

가파른 길은 거의 없는 코스다. 포르토마린에서 6.2km 지점에 있는 곤자르 마을로 향하는 길은 우리나라의 방아다리 약수터로 들어가는 길목과 비슷하다. 그 이후의 길도 비교적 평탄한 산 오솔길 같은 분위기다.

식당

공용 알베르게 옆에 두 개의 식당이 나란히 있다. 일요이라선지 한 곳이 문을 닫아 다른 한 곳이 복잡하긴 했지만 음식 맛은 괜찮았다. 전채 요리로 감자와 양배추를 넣은 스프나 스파게티, 샐러드 가운데 하나를 선택할 수 있고 메인 요리는 연어와 쇠고기 스튜 중 하나, 후식은 과일이나 아이스크림 중 하나를 골라 먹는데 8유로를 받았다.

알베르게

팔라스 데 레이에서 우리가 묵은 공용 알베르게(이름은 알베르게 데 필그리노스)는 숙박료가 도네이션제다. 몇 칸의 방으로 나뉜 침대는 그런대로 괜찮았지만 화장실과 세면실을 겸한 샤워실이 남녀 공용인데다 샤워 커튼도 없어 좀 황당했다. 주방 공간은 있지만 주방 도구가 없어 무용지물. 우리가 묵은 알베르게 맞은편에 사설 알베르게가 또 있는데 묵어 보지 못한 터라 그쪽 사정은 어떤지 모르겠지만 아무래도 이곳보단 훨씬 낫지 않을까 싶다. 참고로 리곤데 마을은 휴양지 같은 편안한 분위기에 알베르게는 물론 팬션도 있어 쉬어 가기에 좋은 듯했다.

On the 28 day
10월 8일

산티아고 길에서 발견한 일상생활의 행복들

팔라스 데 레이 ⇒ 아르주아 Arzúa **29.5km**

6시 30분경 알베르게를 나섰다. 어제 저녁을 먹은 곳에서 간단하게 아침을 먹고 7시에 출발. 마을을 벗어나니 불빛 한 점 없는 깜깜한 숲길이다. 아무것도 보이지 않는 숲길이다 보니 떨어지는 낙엽 소리에도 괜히 신경이 곤두선다. 간간이 들려오는 새소리도 왠지 음산한 느낌이다. 우거진 나무숲도 괴물처럼 보인다. 정말이지 분위기가 으스스했다. 이곳은 이른 아침 이렇듯 컴컴한 상황에서 혼자 걸으면 좀 무서울 것 같다. 셋이 걷는데도 으스스한 느낌인데 혼자라면 오죽하랴.

컴컴한 숲길을 벗어날 즈음 서서히 길이 보이기 시작했다. 몇 채의 집이 들어선 작은 마을에 들어서니 길가에 자리한 바에 불이 켜져 있다. 슬쩍 들여다보니 손님은 하나도 없고 주인 아저씨만 홀로 앉아 손님이 오길 기다리고 있다. 그 바를 지나는 순간, 머리가 하얀 할머니가 플래시를 켜고 우리 쪽으로 다가오는데 어찌나 놀랐던지, 귀신인 줄 알았다. 컴컴한 숲길에서 내내 괜스레 긴장했던 모양이다.

"혹시 화살표 못 봤수?"

컴컴한 기운이 완전히 가시지 않은 터라 갈림길에서 화살표를 찾고 계셨던 모양이다. 이리저리 플래시를 비추니 벽에 자그마한 화살표가 있다. 화살표 방향대로

○ 화살표를 찾아 들어선 길은 우리나라의 어느 산길 같은 분위기다. 오늘도 안개가 가득하다. 앞서 걷던 사람들이 이내 뽀얀 안개 속으로 사라진다. 한참 걷다보니 그 안개에 어느새 머리가 촉촉하게 젖어 있다.

걸어가니 할머니도 혼자는 무서웠는지 우리 뒤를 열심히 쫓아오신다. 간간이 할머니가 잘 따라오시는지 뒤를 돌아보곤 했는데 어느 순간 할머니가 안 보이신다. '저 뒤에 있는 알베르게로 들어가셨나?' 내심 걱정이 되긴 했지만 뭔 일이야 있겠나 싶어 걷다 보니 길이 좀 이상하다. 갈림길이 나왔는데도 어디에도 화살표가 보이질 않는다. 지레짐작으로 가다 낭패를 볼 것 같아 갈림길 앞에서 누군가 지나가길 기다렸다.

10분가량 서 있던 끝에 저만치 사람이 보이기에 뛰어가서 물었더니 우리가 길을 잘못 든 것이다. 알베르게를 지나자마자 오른쪽 숲길로 가야 했던 건데 아무 생각 없이 왼쪽 아스팔트 길로 온 것이다. 없어졌다고 내심 걱정한 할머니는 제 길로 들어선 모양이다. 생각해 보니 할머니가 은근히 괘씸했다. 우리는 뒤처지는 할머니를 위해 갈림길이 나올 때마다 기다렸다가 얘기해 주곤 했는데 할머니는 화살표를 보고 제대로 찾아가면서도 앞서 가던 우리가 잘못 가는 것을 보고도 아무 소리 않고 혼자만 쏙 가버리다니, 좀 얄미웠다.

화살표를 찾아 들어선 길은 우리나라의 여느 산길 같은 분위기다. 오늘도 안개가 가득하다.

앞서 걷던 사람들이 이내 뽀얀 안개 속으로 사라진다. 한참 걷다 보니 그 안개에 어느새 머리가 촉촉하게 젖어 있다.

10km가량의 걸음 끝에 들어선 마을은 레보레이로Leboreiro. 마을 입구에 카페들이 모여 있는 풍경이 정겨워 보인다. 이곳에서 늦게나마 '모닝커피'를 마시며 잠시 휴식을 취했다. 어둠이 걷힌 아침 기운이 참 상쾌하다. 하지만 느긋하게 쉴 수 있는 마음은 아니라 금세 일어서야 했다. 어제 묵었던 알베르게는 단체로 온 수십 명의 청소년들로 무척 복잡했다. 걸음 양은 누구나 게서 게 갈 만하니 오늘도 그들과 같이 묵을 경우를 배제할 수 없는 노릇. 아이들이 먼저 가면 알베르게가 꽉 찰까 걱정되어 걸음을 재촉했다. 모든 것을 풀어 놓고 느긋한 마음을 담아가려 들어선 이 길에서도 순간순간 이렇듯 조급한 마음을 갖게 되다니…….

6km쯤 더 걸어 들어선 멜리데Melide 마을은 우리나라의 중소 도시 같은 분위

기다. 식당, 슈퍼, 제과점, 옷 가게, 과일 가게, 신발 가게, 공구 가게도 보인다. 그 골목길에서 만난 할머니 한 분. 눈길이 마주쳐 인사를 했더니 갈 길이 바쁜데 자꾸만 말을 시킨다.

"어디서 왔수?"

"한국이요."

"오! 한국……. 요즘은 한국 사람들을 종종 본다우. 난 한국 친구가 아무도 없는데, 하여간 반가워요."

간단하게나마 영어로 대화를 나누던 할머니는 "스페인어는 할 줄 아느냐"고 묻는다. 아주 간단한 것들 몇 가지만 안다니 "우리 마을은 어려서부터 적어도 두세 가지 이상의 언어를 배우기 때문에 다들 스페인어뿐만 아니라 영어 불어 독일어 이탈리아어들은 웬만큼 할 줄 알지."라며 말씀하시는 할머니의 표정에서 마을에 대한 자부심이 짙게 묻어난다.

외국어를 할 줄 알아야 한다는 것, 전 세계 각국의 사람들이 모여드는 이 길을 걸으면서 절실하게 느낀 부분 중 하나다. 저마다 나름의 생각을 가지고 이 길 위에 선 사람들을 만날 때마다 정말 아쉬웠던 건, 언어의 한계로 그들과 속 깊은 대화를 제대로 나누지 못했다는 점이다. 여행을 마치고 올 때마다 틈틈이 외국어 공부를 해야지 하면서도 말처럼 쉽지가 않다.

멜리데 마을을 지나 돌 징검다리를 건너니 양 갈림길이다. 그런데 갈라지는 부분의 노란 화살표 밑에 빨간 화살표가 서로 반대 방향으로 표시되어 있다. 어쩌란 말인가……. 그동안 빨간 화살표는 본 일이 없어 노란 화살표를 선택하긴 했지만 괜히 찜찜하다. 오로지 화살표만 보고 가는 이 길에서 누군가 화살표를 잘못 표시해 놓으면? 특히 길바닥에 놓인 돌멩이에 화살표가 있는 것도 종종 볼 수 있는데 누군가 그 돌을 다른 방향으로 돌려 놓는다면? 하지만 늘 동쪽에서 서쪽으로 가는 방향이니 아침엔 햇빛이 뒤통수를 비치는 방향으로, 점심 때쯤 되면 햇빛이 왼쪽으로 비치는 방향으로, 늦은 오후가 되면서 점점 가는 길 정면으로 비쳐오는 방향만 잡으면 된다.

징검다리를 건너 왼쪽 산길로 들어서 걷다 보니 길가에 하얀 우산이 펼쳐져 있고 그 밑엔 산딸기가 수북이 담긴 작은 용기들이 조르륵 놓여 있다. 빨간 산딸기가 먹음직스러워 보인다. 그 옆에 '1.50유로'라 쓰인 종이쪽지와 작은 통이 놓여 있는 걸 보니 무인 판매점인 듯 싶다. 간간이 길을 걷던 사람들이 돈을 내고 사 먹는다. 서로 믿고 장사하는 이 시스템에서 누군가 날로 집어 가는 사람은 없다.

오늘의 목적지는 아르주아 마을. 작은 시골 마을을 지나 아르주아 마을을 가는 도중에 차도 아래 굴다리를 지나기도 했는데 굴다리에 시커먼 글씨와 시뻘건 글씨의 낙서가 가득하다. 하나같이 '여기는 스페인이 아니다', '갈리시아에 자유를 달라'는 내용이다. 스페인에서 분리 독립하고 싶어하는 갈리시아 지방 사람들의 마음이 담긴 문구였다.

이 길목에서 맞은편에서 걸어오던 두 아저씨와 마주쳤다. 뭔가 잃어버려 되돌아 오는가 보다 했는데 프랑스인인 이들은 스페인 남부 지방인 세비야에서 걷기 시작해 이미 산티아고를 거쳐 생 장 피드포르까지 가는 길이라며 뿌듯한 표정으로 말한다. 이제 얼마 남지 않은 여정을 남긴 우리와 우리보다 더 많은 길을 걸었지만 아직도 갈 길이 먼 그들. 힘은 들었지만 이 길이 끝나간다는 아쉬움에 걸어야 할 길이 많이 남은 그들이 새삼 부럽기도 했다.

아르주아 마을 초입엔 사설 알베르게 두 개가 한 집 건너 나란히 있었다. 둘 다 지은 지 얼마 안 돼 보이는 듯 건물이 말끔하다. '돈키호테'란 이름을 단 첫 번

◯ 이 길에서의 행복은 별 게 아니었다. 일상생활 중에 너무나 당연하게 여겼던 것들, 먹고 자고 씻는 등의 기본 행위들이 편안하게 이루어지고 있다는 것에 대해 감사를 느끼지 못했던 것 같다. 이 길을 걷다 보니 내 마음대로 누울 수 있는 공간이 있고, 먹고 싶을 때 마음대로 먹고, 씻고 싶을 때 마음대로 씻고, 화장실 걱정 안 하며 살 수 있는 내 보금자리가 있다는 게 얼마나 소중하고 고마운 일인가 새삼 깨닫게 된다.

째 집에 들어가니 그런대로 괜찮은 것 같아 묵으려 했는데 주방 시설이 없다는 얘기에 돌아 나왔다. 두 번째 집 UITREIA에 갔는데 그곳 역시 주방 시설은 없었다. 마을에 제법 큰 슈퍼도 있고 해서 오늘 저녁엔 문어를 사다 삶아 먹으려 했는데……, 아쉬웠다.

다른 곳으로 가 볼까 하다 두 번째 집 아가씨가 너무 친절해 그냥 묵기로 했다. 나만큼 체구가 작은 아가씨는 늘 미소 짓는 표정으로 기분을 좋게 해 주었다. 오후 3시경이었음에도 이곳에선 우리가 첫 손님이었다. 그러니 자리를 잡는 것도 우리 마음대로. 창가에 있는 아래층 침대에 자리를 잡고 빨래도 샤워도 느긋하게 할 수 있어 좋았다. 새로 지은 알베르게라 시설도 깨끗하고 뜨거운 물도 펑펑 나오니 기분이 좋다.

우리에 이어 2번 타자로 들어선 아저씨도 입이 함지박만해진다. 1층 자리도 많건만 우리 위 2층 창가에 자리 잡으며 "나이스, 나이스" 하며 어린아이처럼 좋아한다. 어제 알베르게 입구에서 만났던, 마요르카에 산다는 인상 좋은 스페인 부부도 마찬가지. 이들 역시 어제는 샤워 커튼도 없는데다 찬물만 질금질금 나오는 것에 뜨악해했던 터라 오늘 다시 만났을 때 대뜸 "뜨거운 물은 잘 나오냐"부터 묻는다.

이 길에서의 행복은 별 게 아니었다. 아주 원초적인 것만 제대로 해결되면 만사 행복하다. 이 길을 걷다 보니 일상생활 중에 너무나 당연하게 여겼던 것들, 먹고 자고 씻는 등의 기본 행위들이 편안하게 이루어지고 있다는 것에 대해 감사를 느끼지 못했던 것 같다. 이 길을 걷다 보니 내 마음대로 누울 수 있는 공간이 있고, 먹고 싶을 때 마음대로 먹고, 씻고 싶을 때 마음대로 씻고, 화장실 걱정 안 하며 살 수 있는 내 보금자리가 있다는 게 얼마나 소중하고 고마운 일인가 새삼 깨닫게 된다.

오늘은 산티아고에 들어가기 전날. '산티아고 이브'인 셈이다. 마지막 밤을 기념하기 위해 슈퍼에서 와인을 한 병 사서 축하주를 마셨다.

Travel information

오늘의 여행 정보

오늘 통과한 마을

팔라스 데 레이-(4.2km)-산 훌리안-(1km)-폰테 캄파냐 마토-(4.4km)-레보레이로-(4.4km)-푸레로스-(1.9km)-멜리데-(5.6km)-보엔데 데 리바-(2.2km)-카스타녜다-(3.1km)-리바디소 데 바이쏘-(2.7km)-아르주아

길의 특성

팔라스 데 레이 마을을 벗어나자마자 숲길이다. 동이 트기 전엔 불빛 한 점 없는 깜깜한 길이라 혼자 걷게 되면 좀 으스스한 느낌이 든다. 마을과 마을 사이엔 들판길과 숲길이 엇갈려 나온다.

아르주아

우리나라로 치면 읍 정도 되는 규모로 대형 슈퍼마켓을 비롯해 병원도 있고 식당도 많다. 우리가 묵은 알베르게 옆엔 미용실도 있다. 한 달 동안 자란 머리에 수염까지 덥수룩하게 올라와 꼴이 말이 아닌 돌다리가 이곳에서 머리를 깎겠단다. 나 역시 눈을 찌르는 앞머리가 거추장스러워 미용실을 찾았다. 영업 종료 시간이 오후 7시 30분이라는데 우리가 들어간 시간이 7시 15분. 시계를 보며 잠시 망설이던 주인이 들어오란다. 머리 하나 깎았을 뿐인데 돌다리의 모습이 확 달라졌다. 미용실에 있던 다른 손님들은 순례자가, 그것도 동양인이 들어와 머리를 깎는 모습이 신기한지 다들 힐끔힐끔 쳐다보며 재미있어 한다. 친절한 주인 아주머니는 인심도 좋다. 돌다리의 이발비는 8유로, 내 머리는 서비스란다.

알베르게

우리가 묵은 알베르게는 아르주아 마을. (이곳은 우리가 본 알베르게만 4개였다.) 초입에 있는 UITREIA. 숙박료는 8유로. 바를 겸한 집으로 시설도 깨끗하고 뜨거운 물도 잘 나왔다. 2층에는 독방도 마련되어 있다. 샤워 시설 남녀 별도로 두 개씩. 샤워실 안에 화장실도 3개씩 갖춰져 있고 화장실, 샤워실, 세면대가 같이 있는 큰 공간도 하나 따로 있다.

301

On the 29 day 10월 9일

그들이 사는 세상,
기다림 속 카미노 데 산티아고

아르주아 → 산티아고 데 **콤포스텔**라 Santiago de Compostela **37km**

산티아고로 가는 마지막 날, 눈을 떠 보니 6시 무렵이다. 어느 누구도 움직이는 기색이 없다. 사람들이 일어날 때까지 누워 있으려다 슬그머니 일어났다. 오늘 목적지까지 거리가 만만치 않다. 이틀로 나눠 걸을까 하다 이쯤 되니 하루라도 빨리 산티아고가 보고 싶어 내처 가기로 했으니 좀 서둘러야 했다. 곤히 잠든 사람들을 방해하고 싶지 않아 살금살금 짐을 모두 끌고 나와 밖에서 배낭을 꾸렸다. 고양이 세수에 어제 사 놓은 빵과 음료로 간단한 아침을 마치고 6시 30분 출발.

마지막 날이라 생각하니 반가운 마음보다 섭섭함이 더 크다. 오늘은 우리 세 사람 모두 말없이 조용히 걷기로 했다. 걸음 여행의 시작이 엊그제 같으면서도 아주 오래된 느낌도 든다. 그동안 만났던 사람들도 하나하나 떠오른다. 우리의 첫 인연이었던 브라질 여인 이네스, 핸섬하고 지적인 분위기의 스위스인 크리스토퍼, 미소가 예뻤던 프랑스 청년, 포도를 따 주시던 할아버지, 달팽이 걸음이지만 이 길을 걷는 자체만으로도 무척이나 행복해하던 독일 할머니, 늘 기타를 둘러메고 다니던 프랑스 아저씨, 성악가 뺨치게 노래하시던 할아버지, 알베르게를 잡지 못했을 때 우리보다 더 염려해 준 마음 착한 호주 청년 로비, 늘 둘이 붙어 다니며 순박

하고 개구쟁이 같은 모습을 보이던 스페인인 '꺼꾸리와 장다리' 아저씨……. 그들은 지금쯤 어느 길을 걷고 있는지도 궁금했다.

마을을 벗어나니 어제처럼 숲길이고 어제처럼 컴컴하다. 컴컴한 숲에 길도 고르지 않아 랜턴이 없으면 걸음을 떼기 힘들 정도다. 조심스레 걷다 가끔 후두두 떨어지는 도토리 알에 화들짝 놀란 적도 여러 번이다. 심장이 약한 사람이라면 이 길도 이른 아침 홀로 걷는 것은 권하고 싶지 않다. 아르주아에서 2시간 가량 걸어오니 제법 집들이 많은 마을이 나온다. 간단하게 먹을 수 있는 바도 있다. 이 마을은 화살표를 따라 꼬불꼬불 골목길 사이를 걷는 맛이 재미있다. 어느 집 창고는 좁은 골목길 사이에 걸쳐 있어 창고 밑으로 지나야 한다. 군데군데 졸졸 흐르는 시냇물 흐르는 소리도 정겹고 지붕을 타고 내려온 나무덩굴도 예쁘다.

다시 이어지는 오솔 숲길. 큼지막한 나무 기둥에 현상금이 붙은 수배 전단지

가 붙어 있었다. 3000유로나 되는 현상금이 붙은 사진 속의 인물은 통통한 얼굴에 푸근한 인상의 아줌마이건만, 무슨 죄를 지었기에 이렇듯 전 세계 각국의 이방인들이 주로 다니는 길에까지 얼굴이 공개되었을까. 스페인어를 모르니 그녀의 죄상은 알 수 없었지만 사진 속의 그녀에게 묘한 측은지심이 느껴진다. 아르주아에서 16km 지점에 있는 산타 이레네 마을. 이 길을 걷다 보면 가끔 동상이나 그림으로 꾸며 놓은 순례자의 모습을 볼 수 있는데 이 마을에서 본 순례자의 모습은 독특했다. 그동안 보아 온 순례

자들은 하나같이 지치고 힘들어 보이는 모양새였는데 이제 산티아고가 얼마 남지 않아 그런가? 이곳에서 본 순례자 동상은 힘든 기색은커녕 쌩쌩한 얼굴에 힘차게 만세를 부르고 서 있는 모습이 재미있다. 산타 이레네를 지나면서부터는 도로를 사이에 두고 지그재그로 넘나들며 10층 높이만한 나무들이 죽죽 뻗은 숲길을 걷게 된다. 우리나라의 내소사나 월정사 숲길 같은 분위기다. 이 길에선 괜히 꼼지락대며 느릿느릿 걸었다. 낙엽이 하나둘 떨어지는 가을 숲길이 좋아서이기도 했지만 이제 얼마 남지 않은 길 끝에 있다는 아쉬움에, 되도록 천천히 가고 싶었다.

이제 산티아고까지 남은 거리는 약 14km. 숲길을 벗어나니 나무 그늘이 거의 없는 길이다. 뙤약볕을 고스란히 맞으며 30분쯤 걸으니 이제부턴 차도와 나란히 걷는 길이다. 차도 옆을 걷는데 바로 옆 산 위가 비행장인가 보다. 이제 막 뜨려는 건지 이미 내린 건지 모르지만 코앞에 있는 산 위에서 몸집 큰 비행기가 슬금슬금 지나가는 모습이 독특하다.

걸음을 옮길수록 점점 가까워지는 산티아고. 거의 다 왔으니 아무 생각 말고

○ 늦은 오후 도심 안쪽에 자리한 성당 앞에 가니 규모가 어마어마하다. 그 웅장함에 할 말을 잃은 채 광장에 서서 성당을 한참 동안 바라보았다. 묘했다. 이곳에 오면 벅찬 감동에 휩싸일 것 같았는데 오히려 담담하다. 목표물을 향해 왔는데 막상 목표물에 오니 목표물이 없어진 것에 대한 허탈함이랄까?

걷기만 하라는 걸까? 산티아고로 들어서는 마지막 길목은 여전히 차도를 따라 내내 걷는 길로 밋밋했다. 걷는 재미도 없고 힘도 든다. 마지막을 이렇게 장식하다니……. 맥이 쭉 빠진다.

산티아고로 들어서기 직전. 마지막 마을인 몬테 도 고조 언덕 나무그늘 밑에 있는 간이 매점에서 커피 한잔을 마셨다. 커피를 마시고도 한참을 앉아 있었다. 이곳에서 산티아고까지는 약 1시간 거리. 이제 더 이상 머물 곳 없이 산티아고에 들어간다니 가슴이 두근거리기도 했다. 긴 걸음 끝에 목적지인 산티아고에 도착하면 어떤 생각이 들지도 궁금했다.

언덕을 내려와 타박타박 걷다 보니 산티아고를 알리는 이정표가 보인다. 드디어 산티아고에 입성한 것이다. 산티아고, 그 이름 하나만으로도 가슴 속에 설렘이 인다. 산티아고 초입에는 현대적인 건물들로 가득하다. 입구에 대형 조형물이 있는데 그 안에 성인과 역대 교황들이 부조 형태로 새겨져 있다. 조형물 맨 아래쪽엔 요한 바오로 2세의 모습도 보인다. 이곳을 지나 산티아고 도심 쪽으로 들어오는데 노천카페에서 차를 마시던 아줌마 아저씨가 우리를 보고 박수를 쳐 준다. 뜻하지 않은 그들의 박수에 쑥스럽기도 했지만 뿌듯했다. 이제 이 걸음 여행의 최종 목적지인 산티아고 대성당으로 가야 하는데, 제법 웅장한 도시 안에 들어서니 어디로 가야할지 막막했다. 일단 초입에 자리한 알베르게로 들어가 짐을 풀어 놓고 성당으로 가기로 했다. 대부분의 순례자들이 산티아고에 들어서면 알베르게가 아닌 성당 근처에 있는 호텔에서 묵는 경우가 많다. 우리도 긴 걸음 끝에 호텔에서 좀 더 편안하게 지내고도 싶었지만 굳이 알베르게로 들어선 건 마지막까지 이 걸음 여행을 같이한 이들과 함께하고 싶어서였다.

샤워를 한 후 배낭을 풀어 놓고 맨몸으로 나서니 뭔가 허전하고 찜찜한 마음이다. 좀 힘들어도 걸어 온 그 모습으로 먼저 성당에 갔었어야 하는 건데 하는 후

회도 들었다. 하지만 예전의 순례자들은 산티아고에 들어서기 직전 개울에서 정갈하게 몸을 씻고 들어섰다니, 그 의미로 나름 위안을 삼는다.

늦은 오후 도심 안쪽에 자리한 성당 앞에 가니 규모가 어마어마하다. 그 웅장함에 할 말을 잃은 채 광장에 서서 성당을 한참 동안 바라보았다. 묘했다. 이곳에 오면 벅찬 감동에 휩싸일 것 같았는데 오히려 담담하다. 목표물을 향해 왔는데 막상 목표물에 오니 목표물이 없어진 것에 대한 허탈함이랄까? 먼저 도착한 순례자들도 광장 곳곳에 홀로, 혹은 삼삼오오 모여 앉아 말없이 성당을 바라본다. 우리보다 늦게 도착한 사람들도 우왕좌왕하다 이내 광장에 널브러져 앉아 물끄러미 성당을 바라본다. 어깨를 짓누르던 배낭과 뜨거운 날씨에서 해방되고 체력과의 싸움을 견뎌낸 순례자 모두 배낭을 풀고 성당 앞 광장에 주저앉아 아득히 높은 성당 첨탑을 그렇게 바라본다. 그들은 어떤 마음일까. 광장에 적지 않은 순례자들이 있었지만 아는 얼굴은 보이질 않는다. 이곳에서 긴 여정 동안 만나고 또 만나면서 정이 들었던 사람들을 만나면 엄청 반가울 것 같았는데……. 그리고 그들과 서로의 기억에 남을 만한 파티를 하고 싶었는데, 그럴 얼굴들이 보이지 않으니 덤덤한 마음에 허전함까지 더해진다.

문득 그들이 그리워진다. 그 어느 때보다 진하게…….

광장에서 멍하니 성당을 바라보며 이런저런 생각에 빠져들다 성당 뒤쪽에 자리한 순례자 사무실로 향했다. 이곳에서 그동안 차곡차곡 찍어 온 스탬프가 담긴 순례자 여권을 제시하면 간단한 절차를 통해 '카미노 데 산티아고'를 걸었다는 증명서를 발급해 준다. 좁은 사무실 안에는 걸음 끝에 들어선 순례자들이 뿌듯한 얼굴로 증명서를 받기 위해 줄을 서 있다.

무릎 보호대를 두르고 지팡이에 의지해 마지막 피치를 올리던 순례자, 긴 여정을 끝낼 순간을 앞두고 씩씩하게 성큼성큼 발걸음을 내딛던 순례자. 종교적, 영적, 문화적, 기타 등등 길을 나선 목적이나 수단은 각자가 달랐지만 긴 걸음 끝에 한 지점에서 만난 순례자들. 저마다 해냈다는 기쁨에 누구랄 것도 없이 서로에게 격려의 박수를 보내 준다. 길 위에서도 서로에게 힘이 되어 주었던 이들은 마지막 순간까지 이렇듯 힘을 실어 준다.

완주 증명서를 손에 들고 미사 시간에 맞춰 성당 안에 들어갔다. 미사가 진행되는 성당 안은 순례자와 관광객이 수시로 드나들어 좀 어수선하긴 했지만 성당 가득 울려 퍼지는 수녀님의 성가가 너무나 맑고 아름다워, 몸에 전율이 일 정도였다. 그 안에서 이 긴 여정을 별 탈 없이 마칠 수 있었음에 대해 감사 기도를 드렸다.

돌이켜보니 이곳을 향해 오는 길 위의 여정 자체가 내겐 더없이 소중했고 어느새 그 하나하나가 그리움으로 남는다. 때론 고달프고 때론 눈물겹고 때론 행복했던 시간들. 그 모든 것들이 이 순간 추억이 돼 버린다. 이제 자유를 끝내고 다시 돌아가 마주쳐야 할 삶의 무게도 느껴진다. 내가 지나온 산티아고 여정의 모든 길. 그 길을 하나하나 되새김질하며 길 위에서 느꼈던 마음을 되새겨 볼 것이다. 지극히 원초적인 요소가 해결될 때의 기쁨과 행복감, 아주 작은 것에 대해 감사하는 마음. 그것은 욕심을 버리는 일이다.

〈이타카〉

네가 이타카로 가는 길을 나설 때 기도하라.

그 길이 모험과 배움으로 가득한 오랜 여정이 되기를

라이스트리곤- 호메로스의 '오디세이'에 등장하는 식인 거인족 - 과

키클롭스 - 그리스 신화에 등장하는 외눈박이 거인 - , 포세이돈의 진노를 두려워마라.

네 생각이 고결하고 네 육신과 정신에 숭엄한 감동이 깃들면

그들은 네 길을 가로막지 못하리니.

네가 그들을 영혼에 들이지 않고 네 영혼이 그들을 앞세우지 않으면

라이스트리곤과 키클롭스와 사나운 포세이돈

그 무엇과도 마주치지 않으리.

기도하라, 네 길이 오랜 여정이 되기를.

크나큰 즐거움과 크나큰 기쁨을 안고 미지의 항구로 들어설 때까지.

네가 맞이할 여름날의 아침은 수없이 많으니.

페키니아 시장에서 잠시 길을 멈춰 어여쁜 물건들을 사거라.

자개와 산호와 호박과 흑단 온갖 관능의 향수들을.

무엇보다도 향수를, 주머니 사정이 허락하는 최대한.

이집트의 여러 도시들을 찾아가 현자들에게 배우고 또 배우라.

언제나 이타카를 마음에 두라.
네 목표는 그곳에 이르는 것이니.
그러나 서두르지는 마라.
비록 네 갈 길이 오래더라도 늙어져서 그 섬에 이르는 것이 더 나으니.
길 위에서 너는 이미 풍요로워졌으니
이타카가 너를 풍요롭게 해 주길 기대하지 마라.

이타카는 너에게 아름다운 여행을 선사했고
이타카가 없었다면 네 여정은 시작되지도 않았으니
이제 이타카는 너에게 줄 것이 하나도 없구나.

설령 그 땅이 볼모지라 해도
이타카는 너를 속인 적이 없고
길 위에서 너는 현자가 되었으니
마침내 이타카의 가르침을 이해하리라.

―콘스탄티노스 카바피(1863~1933) 알렉산드리아 출신의 그리스 시인―

Travel information

오늘의 여행 정보

오늘 통과한 마을

아르주아-(1.5km)-라이도-(9.8km)-살세다-(4.8km)-산타 이레네-(2.8km)-루아-(1.2km)-아르카-(10.8km)-라바코야-(1.3km)-몬테도고조-(4.5km)-산티아고 데 콤포스텔라

길의 특성

아르주아 마을을 벗어나면 숲길이 이어진다. 오늘 코스는 라바코야에 이르기까지 간간히 도로를 가로지르며 숲길을 걷게 된다. 특히 산타 이레네를 지나 만나게 되는 숲길은 10층 높이만한 나무들이 죽죽 뻗은 길이 분위기를 자아낸다. 라바코야 마을을 지나서부터는 산티아고까지 내내 도로를 따라가는 길이다. 산티아고 전 마을인 몬테 도 고조는 거리표에서는 라바코아에서 1.3km라 되어 있지만 실제 걸어 보니 4km는 족히 되는 것 같다.

알베르게

산티아고 초입에 알베르게가 있다. 숙박료는 7유로. 샤워실과 화장실은 남녀 공용. 산타 이레네 마을에 있는 알베르게(오후 1시 오픈)는 집이 앙증맞고 예쁘다. 침대 수가 적어 조금만 늦으면 자리 잡기 힘들다. 하지만 산타 이레네에서 1km 못 미친 거리에 알베르게가 또 하나 있다.

순례자 완주 증명서

산티아고 여정 중 100km 이상을 걸은 순례자라면 누구나 산티아고 데 콤포스텔라에 있는 순례자 사무실에서 발급 신청할 수 있다.

산티아고 데 콤포스텔라 대성당

로마네스크 양식의 진수를 볼 수 있는 건축물이다. 1078년에 착공해 1128년 무렵에 완성되었지만 여러 시대에 걸쳐 증축과 개축이 이루어졌다. '영광의 문'이라 일컫는 대성당 출입문은 섬세하고 화려한 조각품으로 가득 차 있다. 장인 마테오가 20여 년에 걸쳐 1188년에 완성한 '영광의 문'은 반원형 아치의 3개의 문으로, 그리스도가 구세주로 영광을 얻는 장면을 중심으로 12사도, 천사, 성서에 등장하는 인물로 장식되어 있다.

대성당 안 둥근 지붕에는 쇠사슬에 매달린 거대한 향로인 '보타후메이로'가 있다. 예전에는 산티아고에 도착한 순례자들 상당수가 대성당에서 그대로 숙박했던 터에 늘 향을 피워 놓은 향로를 움직여 환기를 시켰다 한다. 향로가 워낙 크지라 여러 명의 장정이 매달려 움직이게 하는 모습이 독특한데 지금은 중요한 의식이 있을 때만 사용하여 예전처럼 그 모습을 쉽게 볼 수 없다.

성 야고보의 유해는 주제단 아래에 있는 지하 제실에 안치되어 있다. 주제단 위에는 천사들에게 둘러싸인 성 야고보상이 있는데 순례자들 대부분이 야고보상 어깨에 양손을 얹고 소원을 비는 것으로 순례의 일정을 마무리한다. 이곳에 손을 대면 행운과 지혜가 생긴다고 전해지고 있다.

End of Santiago

카미노 데 산티아고의 진정한 마침표

산티아고 데 콤포스텔라 피니스테레 Finisterre

알베르게에서의 마지막 밤을 보내고 난 아침. 8시가 다 되어 가는데도 일어나는 이는 별로 없다. 하긴, 더 이상 걸음을 재촉할 일도 없으니 게으름 좀 피면 어떠랴. 우리도 8시가 다 되어서야 느긋하게 일어났다.

오늘은 피니스테레에 가는 날. 스페인 서쪽 바닷가 끝자락에 자리한 이곳을 오래전 로마인들은 세상의 끝이라고 여겼단다. 대부분의 순례자들이 산티아고에서 발길을 멈추지만 이 '땅끝 마을'까지 걸어가는 이도 적지 않다. 그리고 그들은 더 이상 걸을래야 걸을 수 없는 땅끝에서 긴 걸음을 함께 한 신발을 태우는 것으로 모든 여정을 마무리한다. 산티아고에서 100km 남짓 더 가야 하는 피니스테레는 걸어서 3일은 족히 걸린다.

우리는 일정상 버스를 타고 가기로 했다. 8시 40분쯤 산티아고 시외버스 정류장으로 가서 12시에 출발하는 표를 미리 사두려고 했더니 12시표는 11시 이후에나 판매한단다. '거, 참 요상한 시스템이네.' 어쩔 수 없이 다시 성당으로 향했다. 성당으로 가는 길목에서 웬 아주머니가 두둑한 배낭을 멘 우리에게 엄지손가락을 펴 보이더니만 내 어깨를 툭툭 두드려 주기까지 한다. 그 작은 격려에 아침부터 기분이 좋아진다.

스페인 서쪽 바닷가 끝자락에 자리한 이곳을 오래전 로마인들은 세상의 끝이라고 여겼단다. 대부분의 순례자들이 산티아고에서 발길을 멈추지만 이 '땅끝 마을'까지 걸어가는 이도 적지 않다. 그리고 그들은 더 이상 걸을래야 걸을 수 없는 땅 끝에서 긴 걸음을 함께 한 신발을 태우는 것으로 모든 여정을 마무리한다. 산티아고에서 100km 남짓 더 가야 하는 피니스테레는 걸어서 3일은 족히 걸린다.

성당 앞 오브라이도 광장에 들어서니 여기저기 단체 관광객이 꽤 많이 보였다. 아침이라 그런지 우리처럼 배낭을 멘 이들은 그리 많지 않았다. 게다가 동양인이 상대적으로 드물어선가? 많은 이들의 시선이 우리에게 쏠린다.

한 중년 여인이 내게 오더니 "혹시 순례자 여권이 있느냐"고 묻는다. 그렇다니 "잠깐만 보여줄 수 있겠냐" 한다. '아니 뜬금없이 왜 남의 순례자 여권을 보여 달라는 거야?' 내심 경계하는 마음으로 꺼내 보였더니 그 아주머니, 30명가량 되어 보이는 단체 관광객 앞에서 내 순례자 여권을 이리저리 펼쳐 보이며 뭐라뭐라 한참 설명한다. 알고 보니 아주머니는 여행 가이드였던 게다. 여인의 설명이 끝나자 사람들이 "와~" 소리와 함께 우리에게 박수를 보낸다. 그리고 다들 우리와 기념사진을 찍겠다며 줄을 선다. 본의 아니게 이 광장에서 스타가 되어 버렸다.

그러다 보니 반가운 얼굴들이 하나둘 보인다. 벌레에 물려 고생하던 일본 아저씨, 항상 미소 짓던 브라질 아가씨, 인상 좋은 마요르카 부부……. 그들의 모습을 보니 어찌나 반갑던지. 그들도 마찬가지인 듯 누가 먼저랄 것도 없이 서로 얼싸안고 반가움을 표시한다. 브라질 아가씨는 눈물까지 펑펑 흘린다. 이산 가족 상봉 현장처럼 뜨거운 포옹과 반가움의 눈물 끝에 다 같이 모여 저마다의 카메라로 기념사진을 돌아가며 찍었다. 이들을 만나다 보니 산티아고를 훌쩍 떠나는 게 아쉬웠다. 12시에 출발하려던 피니스테레행을 조금 늦춰 5시 버스를 타기로 하고 광장에 주저앉아 이런저런 얘기를 나누었다. 그들과 아쉬움의 작별을 하고 성당 주변을 돌고 또 돌았다. 성당 옆에 있는 박물관도 꼼꼼하게 둘러보았다. 그리고 산티아고 시내를 한 바퀴 도는 관광 열차에 올라타 출발을 기다리는데, 더벅머리에 키가 훌쩍 큰 청년이 눈에 들어왔다. 혹시?? 맞다! 마음씨 착한 호주 청년 로비였다.

우리처럼 여행을 다니며 여행저널리스트가 되고 싶다던 로비. 길에서 만났을 때보다 몇 곱은 더 반갑다. 우리를 보고 성큼성큼 뛰어오는 그에게 달려가 반가움의 포옹을 하고 서로의 안부를 묻기 바빴다. 하지만 이제 곧 관광열차가 출발할 시간. 급하게나마 서로의 연락처를 주고받은 후 얼떨결에 헤어졌다. 조금 뒤, 관광 열차가 지나는 길목에서 로비가 특유의 성큼 걸음으로 걸어간다. 우리를 태운 열차가 로비를 스쳐 지나는 순간 이별이 아쉬운 듯 열차를 따르는 로비의 발걸음이 점점 빨라진다. 하지만 우리를 태운 기차 뒤로 로비는 점점 멀어져만 갔다. 손을 흔들었다. 그리고 코끝이 찡해 온다.

어제 오후에는 아는 얼굴이 하나도 보이지 않아 뭔가 허전하고 어정쩡했었는데, 길 위에서 정을 나누었던 이들을 만나니 이제야 유종의 미를 거둔 느낌이랄까?

가슴 한구석 지울 수 없던 공허함의 자리가 순례자들과의 격려 인사로 훈훈하게 채워진다. 여행의 끝은 결국 사람이고, 사랑이고, 정이다.

피니스테레에 닿은 건 해질 무렵이었다. 바다와 맞닿은 산자락 밑에 높은 철탑이 삐죽 서 있다. 그곳에는 순례자들이 입었던 티셔츠와 바지, 양말, 신발, 수건 등이 빼곡하게 걸려 있었다. 바람에 나부끼는 순례자들의 흔적들. 그 앞에서 한 여인이 뭔가를 태우고 있었다. 가까이 다가가니 "양말이라 냄새 난다"며 쑥스러운 듯 손으로 코앞을 휘저어 보인다. 이곳에 오면 신발을 태운다지만 정작 신발을 태우는 이들은 없다. 우리도 신발을 태우지 않았다. 아직은 멀쩡한 신발이 아깝기도 했지만 산티아고의 모든 여정을 훑고 지나온 신발을 기념으로 남겨 두고 싶어서

였다. 바닷가 여기저기에서 망망대해를 바라보는 사람들. 홀로 묵묵히, 연인끼리 기대 앉아, 가족끼리 친구끼리 옹기종기 모여 있지만 모두들 말이 없다. 숙연한 분위기다. 때마침 집시 순례자들이 도착해서 심금을 울리는 음악까지 연주해 준다. 넓은 바다 끝에서부터 퍼지는 붉은 노을, 점점이 앉아 그 바다를 바라보며 상념에 젖어 있는 사람들, 그리고 집시들의 아름다운 노랫소리…….

이보다 더 좋은 엔딩이 어디 있으랴. 뭔가 허전하고 밍밍했던 산티아고와 달리 이곳에 오니 딱히 뭐라 설명하기 힘든 감동이 인다. 진정한 걸음의 끝은 바로 이곳이었다. 더 이상 발걸음을 내디딜 수 없는 이곳에서 망망대해를 바라보니 진정 이 여정이 깔끔하게 마무리되는 느낌이다. 그 바다에서 잔잔하게 일렁이는 파도가 슬며시 내게 이렇게 속삭이는 것 같다.

"자, 이제 새로운 길을 향해 새로운 걸음을 내딛으라구."

Travel information

오늘의 여행 정보

산티아고 둘러보기

산티아고 성당 밑에 박물관이 있다. 세 군데로 나뉘어져 있는데 가운데 전시관은 다양한 형태의 십자가와 성채들이, 성당 정문을 바라보며 오른쪽에 있는 전시관에는 수백 년 전의 건축물에 관련된 자재와 건물 장식품, 실내 장식품, 조각상들이 전시되어 있다. 대형 테피스트리도 볼 만하다. 성당 정문을 바라보며 왼쪽에 있는 전시관에서는 부엌, 방, 거실 등 성당 내부의 다양한 형태와 구조를 엿볼 수 있고 촛대, 옛날식 열쇠 등 아기자기한 전시물도 볼 수 있다. 이곳에서 테라스로 나가면 광장이 한눈에 들어온다. 실내는 사진 촬영이 금지다. 관람료는 5유로인데 순례자 여권을 보여 주면 3유로. 표를 사면 세 군데를 모두 둘러볼 수 있다.

산티아고 관광 열차

산티아고 성당 앞에서 출발하여 산티아고 시내를 한 바퀴 도는 관광 열차도 타볼 만하다. 산티아고를 일일이 돌아볼 여유는 없고, 그렇다고 성당만 보고 가기엔 아쉬운 사람이라면 관광 열차를 타고 한 바퀴 돌다보면 산티아고가 어떤 도시인지 알 수 있게 된다. 한 바퀴 도는 데 45분이 소요된다. 탑승료는 5유로.

피니스테레 가기

산티아고 버스 터미널에서 피니스테레에 가는 버스는 오전 9시, 10시, 12시, 오후 5시, 7시에 출발한다. 거리는 100km가량이지만 그 사이에 있는 마을을 죄다 거쳐 가는 완행버스로 3시간 정도 걸린다. 요금은 15유로(2007년 10월 기준). 버스 정류장 앞에 택시 승강장이 있는데 이곳에서 택시로 가면 1시간 가량 걸린다. 피니스테레까지 미터기로는 85유로 정도가 나온다.

Camino de

Monte do Gozo (5)
Santiago de Compostela
Arca (19) — 19
Arzúa (38) — 19
Melide (54-52) — 14
Palas de Rei (67-66) — 12
Portomarín (89) — 22
Ferreiros (98) — 9
Sarria (112-110) — 12
Triacastela (131) — 18
Cebreiro (152) — 21
Vega de Valcarce (165) — 13
Villafranca del Bierzo (180) — 14
Ponferrada (202-199) — 19
Rabanal (233) — 31
Astorga (254-252) — 19
Órbigo (269) — 15
León (304-300) — 31
Mansilla de las Mulas (320) — 6
El Burgo Ranero (340) — 20
Sahagún (357-355) — 15
Calzadilla (383) — 26
Carrión de los Condes (395) — 17
Frómista (413) — 18
Castrojeriz (439-437) — 24

(764) Distance jusqu'à Compostelle

BUEN CAMINO

Santiago

산티아고 가는 길의 이모저모

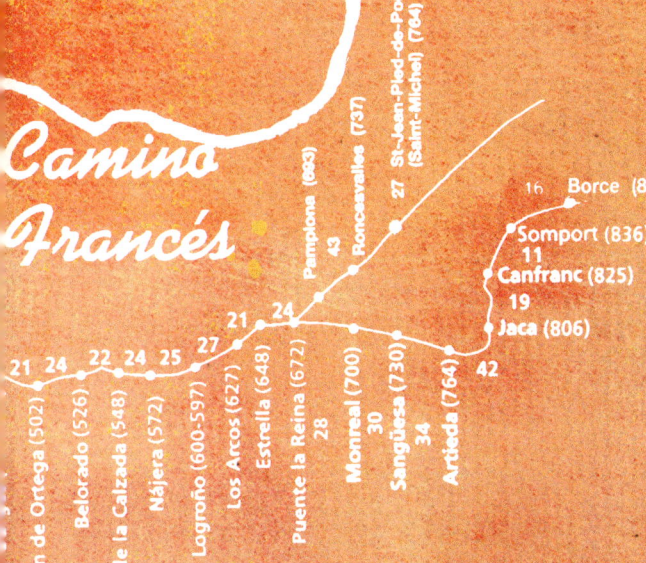

🐚 카미노 데 산티아고(산티아고 가는 길)는

스페인 북서부 지역에 자리한 산티아고는 9세기 무렵 예수의 제자였던 성 야고보의 유해가 발견된 후 예루살렘, 로마와 함께 유럽의 3대 성지로 꼽히는 곳이다. 카미노 데 산티아고의 '카미노Camino'는 길, '산티아고Santiago'는 야고보를 뜻하는 말로 일명 '야고보의 길'이라고도 불린다. 말하자면 성 야고보가 복음을 전파하기 위해 걸었던 길이라는 의미다.

전해 오는 얘기에 의하면, 야고보는 복음을 전파하고 천신만고 끝에 예루살렘으로 돌아왔지만 헤롯왕에 의해 순교를 당한다. 지인들이 그의 시신을 돌로 만든 배에 실어 바다에 띄웠는데, 놀랍게도 그 배는 야고보 자신이 복음을 전파했던 갈리시아 지역 해변에 도착해 산티아고 들판에 묻히게 된다. 이후 9세기 무렵, 한 순례자가 유난히 반짝이는 별빛을 따라간 끝에 한 시신을 발견했고 그것이 야고보의 시신으로 인증되면서 이곳을 산티아고 데 콤포스텔라─'별이 쏟아지는 들판'을 의미하는 스페인어─라 명명한다. 그로부터 몇 년 뒤 아스투리아스─Asturias, 당시 스페인 북서부에 세워졌던 왕국─의 왕인 알폰소 2세가 이곳을 방문한 후에 대성당을 건축한 뒤 성 야고보를 스페인의 수호성인으로 선언했다.

이후 성 야고보의 유해가 모셔진 대성당은 중세 시대 내내 유럽 전역에서 찾아온 수많은 순례자들로 북적거렸다. 야고보가 걸어온 순례길의 존재 자체는 한때 이슬람 세력에게 밀려났던 중세 유럽 기독교인들에게 많은 영향을 미쳐 수많은 순례자들이 삶의 의미를 물으며 걸어갔다. 이러한 종교적, 역사적 가치를 인정받아 산티아고 데 콤포스텔라 순례길은 1993년 유네스코 세계 문화 유산으로 등록되었다.

산티아고로 가는 순례길은 여러 경로가 있지만, 가장 널리 알려진 길은 프랑스 남부에서 스페인 북부 지방을 가로질러 가는 800km 가량의 여정이다. 이는 프랑스의 국경 도시 생 장 피드포르에서 출발해 피레네 산맥을 넘어 스페인 자치구인 나바라, 라 리오하, 카스티야 레온, 갈리시아를 거쳐 산티아고로 들어가는 길이다.

원래는 종교적 이유에서 시작된, 가톨릭 성지 순례자들이 주로 찾는 길이었으나 1000년 남짓한 세월이 흐르면서 요즘은 종교와 상관없이 연간 수백만 명이 몰려드는 '인생의 순례길'이 된 카미노 데 산티아고는 하루 수십 km씩 걸어야 하는 여정이 한 달 남짓 이어지는 쉽지 않은 길이다. 변변한 편의 시설도 없고 잠잘 곳을 잡은 것만으로도 감사해야 하는 길. 그런 길이 이토록 사람들의 마음을 끄는 이유는 뭘까? 말없이 묵묵하게, 한 발 한 발 천천히 내딛으며 나를 돌아볼 수 있는 길, 하루하루를 숨 가쁘게 살아가는 우리들에게 나름의 인생을 돌아볼 수 있는 계기를 만들어 주는 곳, 언젠가는 꼭 한번 걸어 봐야 할 길. 바로 산티아고 가는 길이다.

카미노 데 산티아고의 예전과 지금

8세기 무렵 지금의 스페인과 포르투갈이 자리한 이베리아 반도는 뜻밖의 일을 당하게 된다. 북아프리카에서 건너온 이슬람군이 대부분의 이베리아 반도를 점령하고 점차 프랑스로 몰려가는 중이었다. 이에 기독교 당국은 9세기 이후 이슬람 침략에 대항하는 방편으로, 또는 북부 스페인 사람들이 이교도로 개종하는 것을 막기 위해 산티아고까지의 순례를 장려하기 시작했다.

1189년에 교황 알렉산더 3세는 산티아고 데 콤포스텔라를 로마와 예루살렘과 같은 성지로 선언했다. 당시 기독교도들 사이에선 성스러운 해-산티아고의 날인 7월 25일이 일요일이 되는 해-에 산티아고에 도착하는 순례자는 그동안 지은 죄를 완전히 속죄 받고, 다른 해에 도착한 순례자는 지은 죄의 절반을 속죄 받는다는 믿음이 팽배했다. 모든 순례자들의 한결같은 소망은 무사히 목적지에 도착해서 죄 사함을 받는 것이었다. 순례자 가운데에는 국왕과 대주교도 있었다. 이들은 오랫동안 고달픈 여행을 마친 뒤 속죄를 하고 순례를 마쳤다는 것을 증명하는 증서인 '콤포스텔라'를 받았다.

하지만 모든 순례자들이 자발적으로 참여한 것만은 아니었다. 개중에는 자신이 지은 범죄의 대가로 산티아고까지 걷도록 판결을 받기도 했다. 이런 경우 일부 부자들은 다른 사람이 대신 순례길을 걷도록 비용을 지불하기도 했다.

중세에는 순례자가 인생 최대의 여행길에 오르기 전에 고향에서 잔치를 베풀어 주었다고 한다. 그리고 날이 밝으면 순례자는 거친 모직 망토를 몸에 두르고 넓은 차양 모자, 표주박, 식량 주머니, 순례자임을 알리는 가리비 껍데기를 목에 걸고 지팡이를 짚어 가며 성 야고보의 무덤을 찾아 길고 험한 순례길에 올랐다. 당시 순례길에는 위험한 요소도 적지 않았다. 순례자들을 노리는 강도도 적지 않았고 때론 늑대들이 득실대는 길이었다. 때문에 순례자들은 가급적 무리를 지어 다녔고 어떤 순례자들은 출발 전에 유언장을 남기기도 했다.

순례 여행이 절정에 이르던 12세기~13세기 무렵엔 성당 기사단이 순례길을 따라 차츰 시설을 정비했고, 순례자들이 안전하게 목적지까지 도착할 수 있도록 편의를 돌봐 주었다. 이후 순례길을 따라 도시와 마을이 생겨나면서 수많은 교회와 순례자 숙소들이 생겨났다. 교회와 순례자 숙소는 늑대와 강도가 득실대는 험난한 세상으로부터 순례자들을 보호해 주었다.

하지만 이슬람 세력으로부터 이베리아 반도를 탈환하고 기독교도의 수복이 완

CACHET DE LA HALTE
IRMAS Y SELLOS

료된 후 순례자의 숫자는 줄어들었다. 17세기에 서서히 줄어들면서 18세기 무렵엔 눈에 띄게 줄었고 20세기 중반까지는 순례를 하는 이들이 별로 많지 않았다. 상황이 조금씩 호전되기 시작한 것은 제2차 세계대전이 끝났을 무렵부터로, 1960년 오 세브레이로의 교구장이었던 돈 에리아스가 '엘 카미노 데 산티아고El Camino de Santiago'라는 가이드북을 펴내면서부터 사람들의 관심을 다시금 불러일으켰고, 1982년 교황 요한 바오로 2세가 교황으로서는 처음으로 산티아고 데 콤포스텔라를 방문한 이후 순례자들의 숫자도 급증했다. 순례자의 관습은 지금도 어느 정도 남아 있다. 많은 순례자들이 중세의 순례자들이 그랬던 것처럼 지팡이를 사용하고, 조개 껍데기를 배낭에 매달거나 목에 걸고 다닌다.

🐚 산티아고 이모저모

산티아고 길을 걸으려면

프랑스 파리로 들어가 파리 시내의 몽파르나스Paris Montparnase 역에서 TGV-고속열차-를 이용하여 생 장 피드포르로 가는 것이 가장 보편적이다. 파리 공항에서도 TGV를 탈 수 있지만 몽파르나스 역에서 타는 것보다 열차 편수가 적다.

어디에서 타든 바욘Bayonne 역까지 가서-5시간 가량 소요- 다시 일반 기차로 갈아타고 생 장 피드포르St Jean Pied de Port 역으로 가면-50분 가량 소요- 되는 데 한 가지 주의할 점이 있다. 파리에서 출발할 때는 다른 지역으로 가는 기차가 같이 묶여 가다가 중간 지점에서 분리해 각각 목적지로 가기 때문에 내가 타는 칸이 바욘 역으로 가는 칸인지 확실하게 확인해야 한다.

몽파르나스 역에서 바욘 역까지의 기차비는 38.90유로, 바욘 역에서 생 장 피드포르까지의 기차비는 8.20유로. 스페인 마드리드로 갈 경우 팜플로나, 론세스바예스를 거쳐 생 장 피에드포르로 들어간다. - 우리는 이렇게 들어갔다. - 마드리드 아토차 역에서 기차를 타면 팜플로나까지는 3시간 40분이 소요 - 50.40유로 - 된다. 팜플로나 버스 정류장에서 론세스바예스행 버스는 월요일부터 금요일까지 오후 6시 한 차례만 운행한다. - 요금 4.50유로 - 론세스바예스에서 생 장 피에드포르까지는 택시를 타야 한다. 다소 번거로우므로 - 론세스바예스에서 걷기 시작하는 사람들도 많다. - 일행이 있거나 다른 순례자들과 마음이 맞으면 요금을 분담하여 팜플로나에서 아예 택시를 타고 생 장 피에드포르까지 가는 - 1시간 30분 소요 - 것이 낫다. 택시 요금은 90유로다.(가격은 모두 2007년 9월 기준).

걷기에 좋은 시기

스페인은 태양의 나라로 알려진 만큼 햇빛의 강도가 매우 세다. 때문에 걷기에 좋은 때는 아무래도 봄 - 5월~6월 - 과 가을 - 9월~10월 - 이다. 봄에는 사방에 피어난 꽃들이 눈을 즐겁게 하고 가을은 포도 수확철로 와인을 좋아하는 사람이라면 금상첨화다.

여름은 사람들이 가장 많이 몰려드는 시기다. 살인적인 땡볕에 순례자들의 숙소인 알베르게도 붐벼 다소 불편하지만 지역마다 전통 축제들이 많아 이색적인 볼거리가 많은 것이 장점이다. 겨울에는 날씨도 추울뿐더러 눈길도 쉽지 않고 문을 닫는 알베르게가 많아 걷기에 그리 좋은 편은 아니다. 가는 길목마다 수시로 조개 껍데기나 노란 화살표가 있어 길을 잃어 버릴 염려는 거의 없다. 간혹 복잡한 도심 길을 걷다 표시를 놓쳐 서성거리면 지역 주민들이 알아서 알려 주거나 물어 보면 친절하게 가르쳐 준다. 순례자에 대한 지역 주민들의 인식도 좋은 편이고 길 위에 선 사람들 모두가 서로 도와주는 분위기로 혼자 걸어도 결코 혼자가 아닌 길이다.

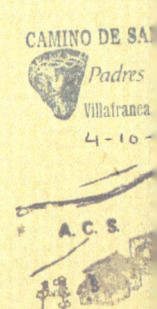

특히 여자 혼자 걷기에는 이보다 더 안전한 길은 없을 것 같다.

비용은 얼마나 들까?

출발 지점까지 가는 항공편이나 버스, 기차 요금은 개별적으로 다르지만 산티아고 길 위에서 드는 비용은 누구에게나 비슷하다. 걷는 여정 중 드는 비용은 하루 세 끼 식사비와 숙박비가 대부분이다. 순례자들 대부분이 아침과 점심은 빵과 음료로 해결—합해서 5~6유로—하고 저녁은 알베르게나 인근 식당에서 순례자 메뉴—8~10 유로—를 먹는다. 저녁을 직접 해 먹을 경우 이보다 덜 들 수도 있다. 알베르게 숙박 비용은 3~5유로(공용), 5~8유로(사설) 정도, 하루에 필요한 비용이 20유로 안팎으로 한 달을 걷게 될 경우 600유로 정도가 필요하다. 하지만 혹여나 알베르게에 자리가 없거나 다른 이유로 호텔에서 머물 경우—숙박비는 20~30유로 정도—도 있을 수 있고 기타 비용도 있으므로 좀 더 여유 있게 예산을 잡는 것이 좋다.

돈은 가급적 잔돈으로 준비하는 것이 좋다. 시골길을 걷다 보면 100유로 이상의 돈을 낼 경우 거스름돈이 없다며 받지 않는 경우가 종종 있다. 한꺼번에 많은 돈을 가지고 다니는 것보다 도시를 지날 때마다 현금 인출기에서 적당량을 빼서 쓰는 것이 좋다. 스페인의 은행은 오전 10시~오후 2시까지 영업한 후 오후 2시부터 2~3시간 가량은 시에스타—낮잠 시간—로 문을 닫았다가 오후에 다시 연다. 현금이 모자랄 경우 휴일이 되기 전에 미리 출금하는 것이 좋다. 휴일에는 현금 인출기의 돈이 금세 비어 버릴 경우가 많기 때문이다. 간혹 여행자들을 노리는 날치기범이 있으므로 현금을 인출할 땐 각별히 주의해야 한다.

순례자 증명서 Credential

산티아고 길을 걸으려면 순례자 증명서가 필요하다. 이 증명서가 있어야만 순례자를 위한 저렴한 숙소인 알베르게에 묵을 수 있기 때문이다. 일반 관광객은 묵을 수 없다. 아울러 산티아고에 도착하면 알베르게에 묵을 때마다 차곡차곡 찍어 준 스탬프를 통해 순례자의 길을 걸었다는 인증서를 발급 받을 수 있다. 800km 구간 중 100km 이상 걸은 것이 확인되면 인증서를 받을 수 있다.

증명서는 각 출발지의 순례자 협회나 알베르게에서 발급 받는다. 접수증에 국적과 나이, 이름 등을 적고 그 밑에 이곳에 온 목적 – 종교적 이유, 영적인 이유, 문화적 이유, 스포츠, 기타 – 을 표기하면 된다. 증명서 발급 비용은 2유로.

준비할 것들

순례자들은 보통 하루에 20~30km, 1시간에 5km 정도를 걸으며 하루 평균 8시간을 길에서 보낸다. 800km를 걸으려면 이런 패턴으로 한 달 정도가 걸린다. 때문에 짐은 최대한 간소하게 꾸려야 한다. 다음은 기본적으로 갖춰야 할 것들이다.

- 대부분 순례자들의 배낭 무게는 8~10kg이다. 배낭 크기는 40~45 *l* 가 적당하다.
- 옷이나 양말(가급적 두꺼운 등산용 양말이 좋다)은 입고 있는 것 외에 한두 벌 정도만 있어도 충분하다. 그날그날 알베르게에서 빨아 널면 되므로 가급적 금세 마르는 기능성 옷을 챙긴다. 빨래비누 필수 지참. 떨어지면 순례길 곳곳에 있는 슈퍼에서 얼마든지 살 수 있다.

- 옷핀을 여유 있게 가져가면 유용하다. 행여 빨래가 마르지 않으면 걷는 동안 배낭에 꽂아 말리기도 편하고, 다른 사람들의 빨래로 빨랫줄이 넉넉하게 남아 있지 않았을 때 옷핀으로 꽂아 매달아 놓기 좋다.

- 우비, 방수용 배낭커버 필수 지참. 비오는 날에도 걸어야 한다. 특히 갈리시아 지방에 들어서면 비가 내리는 경우가 많다.

- 침낭도 필수. 알베르게는 간혹 담요를 주는 경우도 있지만 대체로 침대와 베개만 제공하므로 침낭은 반드시 챙겨야 한다.
- 손전등이나 헤드 랜턴(이른 아침 길을 나설 때 깜깜한 시골길이라 전등이 없으면 걷기 힘든 경우가 많다.)
- 세면 도구와 기능성 수건, 선크림, 물통도 필수 지참물.
- 걸을 때는 가벼운 경등산화가 좋고 슬리퍼나 샌들도 꼭 있어야 한다. 알베르게에 도착해서 샤워 후 샌들이 없어 등산화를 다시 신는 것은 고역이다.

이 외에는 개별적으로 필요한 것들을 알아서 챙기면 된다.

한 달여 동안 내내 걸으려면 가장 중요한 건 체력 다지기다. 평소 걷지 않던 사람이 갑자기 많은 양을 걷다 보면 탈이 나는 법. 무엇보다 발에 물집이 잡히면 걷는 것 자체가 괴로워진다. 따라서 산티아고 길에 들어서기 전에 미리 걷는 훈련을 꾸준하게 하는 것이 좋다. 이때 산티아고 길에서 메야 할 배낭의 무게를 가늠하여 메고 걸으면 더욱 좋다. 아울러 신발도 미리 길들여 놓는 것이 좋다.

걷다가 불필요해진 짐은 산티아고 우체국으로 보내면 된다

짐을 가볍게 꾸렸다 싶어도 걷다 보면 만만치 않은 배낭 무게로 불필요한 것들, 없애 버리고 싶은 것들이 생길 수 있다. 이럴 땐 불필요해진 것들을 골라 최종 목적지인 산티아고 우체국 -산티아고 대성당 인근에 위치- 으로 보내면 된다. 산티아고 우체국에서는 순례자들의 짐을 무료로 2달간 보관해 준다.

순례길에 만나는 마을마다 대부분 우체국이 있다. 우체국은 대개 작은 마을은 오전 9시~오후 2시, 큰 도시는 오전 시간은 물론 오후 5시~8시까지 문을 연다. 순례자의 짐이라고 하면 우체국 직원이 알아서 도와주므로 크게 신경 쓸 일도 없다.

다만 이름을 쓸 때 반드시 성을 이름 뒤에 대문자로 작성하고 밑줄을 그어야 한다. 산티아고 우체국에선 밑줄 친 성의 알파벳 순서에 따라 물건을 보관해 두기 때문이다. 요금은 무게에 따라 다르다.

>Mee Sun CHOI
>Lista de Correos
>Santiago de Compostela
>Galicia/ Spain

순례자들의 하루 일정

스페인의 오후 햇빛은 계절에 상관없이 무척 강하고 따갑다. 특히 오후 2시~5시 무렵 햇빛은 걸음 여행자에겐 무서운 적이다. 때문에 가급적 아침 일찍 출발하여 오후 1시~2시경에 걸음을 멈추는 것이 좋다.

우리가 걸었던 9월~10월엔 대부분의 순례자들이 아침 6시~7시에 출발하여 - 이 시간에 나와도 한동안은 길이 컴컴했다.- 오후 2시~3시경에 알베르게에 들어선다. - 알베르게는 대부분 오후 1시경에 문을 연다.- 일찍 출발하여 일찍 도착하면 침대도 좋은 자리를 맡을 수 있고 빨래를 너는 자리도 여유가 있다. 늦게 도착하면 빨래 널 곳이 마땅치 않다. 대부분 도착하자마자 빨래와 샤워를 하고 나면 책을 읽거나 담소를 나누거나 천천히 마을 구경을 나선다.

알베르게나 인근 식당에서 제공하는 저녁 식사 시간은 보통 오후 7시~8시다. 원래 스페인 식당의 저녁 식사 시간은 보통 오후 9시~10시로 늦은 편이지만 순례길의 레스토랑은 순례자를 위해 일찍 제공한다. 주방을 갖춘 알베르게에는 식기와 기본 양념이 구비되어 있으므로 저녁을 직접 해 먹을 수도 있다. 웬만한 마을마다 슈퍼가 있어 간단하게 파스타를 해 먹는 사람들도 많다.

취침 시간은 보통 10시. 시간이 되면 무조건 불을 끄므로 달리 할 것도 없다. 여러 사람이 모여 자므로 개중에 코고는 사람 한둘은 꼭 있다. 예민한 사람은 귀마개를 챙겨 가는 것이 좋다.

순례길에 먹는 음식

하루 종일 걷다 보면 배도 고프고 지치기 쉬우므로 때마다 챙겨 먹는 것이 필요하다. 아침에는 대부분 알베르게나 바에서 제공 -2~3유로- 하는 토스트나 크로와상, 커피를 먹는다. 커피는 에스프레소처럼 진한 카페 솔로cafe solo, 커피에 우유를 탄 카페 콘 레체cafe con leche 두 가지 형태로 나온다. 점심에는 카페나 바에서 보카디요스 -팔뚝만한 바케트 안에 햄이나 치즈, 하몽 등을 넣은 샌드위치 3~5유로- 나 또르띠야 -감자로 만든 두꺼운 오믈렛 2~3유로- 를 먹는다. 둘 다 양은 푸짐한 편이다.

저녁은 직접 해 먹거나 알베르게나 레스토랑에서 제공하는 순례자 메뉴menu del peregrino -8~10유로- 를 먹는다. 전채 요리primar plato, 메인 요리segundo plato, 디저트postre로 나뉘어 나오는 음식에 와인까지 제공되어 생각보다 근사했다. 전채 요리로는 보통 샐러드, 파스타, 스프sopa 중 하나를 선택한다. 메인 요리는 대개 감자칩이나 삶은 감자를 곁들인 쇠고기, 양고기, 닭고기, 돼지고기 중 하나를 선택한다. 디저트는 아이스크림, 요플레, 과일 중 하나를 선택한다. 과일을 선택하면 간혹 접시에 사과 하나를 달랑 얹어 놓고 칼을 가져다 주는 경우도 있다.

걸을 때 마실 물 걱정은 안 해도 된다. 길목 곳곳에 식수를 받는 곳이 있는데다 중간에 물이 떨어지면 식당이나 바에 들어가면 물통에 물을 채워 준다. 하지만 갈리시아 지방에 들어서면 가급적 생수를 사 먹는 것이 좋다. 이 지역은 목축업이 대부분으로 길바닥에 소똥도 많고 냄새도 많이 나 물을 받아 먹는 것이 다소 꺼림칙하다. 물론 식수를 받는 곳도 다른 곳에 비해 많지 않다.

삶의 무게를 짊어진 순례자들의 배낭

나아갈 길을 알려 주는 산티아고의 이정표

산티아고 가는 길에서 그들과 만나다

1 bar에서 파는 해물 타파스 2 스페인을 상징하는 투우 관람 3 알베르게 앞 골목 풍경 4 악사들의 사진을 찍고 사진을 찍혔다 5 순례자의 상징인 가리비를 파는 기념품 가게 6 헤드 랜턴 불빛으로 책을 읽는 순례자 7 밤에는 숙소, 낮에는 쉼터인 알베르게 마당 8 고행길을 익살스레 묘사한 기념 티셔츠 9 레온 성당에서 거행된 결혼식 10 순례자 여권에 스탬프를 찍어 주는 신부님 11 휴대 전화로 필자를 찍는 순례자 12 축제가 열린 로그로뇨의 먹거리 장터 13 소도시에 마련된 기념사진 촬영 장소 14 카미노의 연인 15 결혼식 축하연에 나온 악사

16 대형 슈퍼마켓 17 산티아고의 관광 열차 18 통풍이 잘 되도록 구멍난 벽돌로 지은 농산물 창고 19 저렴한 값으로 와인을 파는 선술집 20 콧수염을 기른 명배우들만의 사진으로 장식한 산티아고 식당 21 무인 산딸기 판매점 22 시골 장터에서 만난 악사 23 각종 기념품과 순례 용품을 파는 기념품 가게 24 들판에 자생하는 양귀비 25 캠핑카 여행족 26 레온 거리의 뇌쇄적인 마네킹 27 알베르게 게시판의 김대건 신부 초상 28 카미노 막바지의 머리 단장 29 산티아고에 도착해 현지인들의 카메라 세례를 받았다 30 티셔츠, 묵주 등 산티아고 성당 앞 기념품들

 순례자들의 종착지, 산티아고 대성당

Camino de Santiago